CW00385824

Romanian

An Essential Grammar

Romanian: An Essential Grammar is a concise, user-friendly guide to the language.

This book is suitable for independent and classroom learners, and ideal for the beginner to intermediate student. *Romanian: An Essential Grammar* takes the student through the essentials of the language, explaining each concept clearly and providing many examples of contemporary Romanian usage.

The book contains:

- a short chapter on each of the most common grammatical areas with Romanian and English examples
- extensive examples of the more difficult areas of the grammar
- an appendix listing relevant websites for further information on the Romanian language.

Ramona Gönczöl is a lecturer in Romanian language at the School of Slavonic and East European Studies, University College London. She is co-author, with Dennis Deletant, of *Colloquial Romanian*, 3rd edition (Routledge, 2002). Her research interests include ethnography, cultural identities, sociolinguistics and psycholinguistics.

Routledge Essential Grammars

Essential Grammars are available for the following languages:

Arabic
Chinese
Danish
Dutch
English
Finnish (forthcoming)
German
Modern Greek
Modern Hebrew
Hindi
Hungarian
Norwegian
Polish
Portuguese
Spanish
Swedish
Thai
Urdu

Other titles of related interest published by Routledge:

Colloquial Romanian, 3rd edition
By Ramona Gönczöl and Dennis Deletant

Romanian

An Essential Grammar

 **Ramona Gönczöl**

 Routledge
Taylor & Francis Group

LONDON AND NEW YORK

First published 2008
by Routledge
2 Park Square, Milton Park, Abingdon, Oxon OX14 4RN

Simultaneously published in the USA and Canada
by Routledge
711 Third Avenue, New York, NY 10017

Routledge is an imprint of the Taylor & Francis Group, an informa business

© 2008 Ramona Gönczöl

Typeset in Sabon by
Fakenham Photosetting Limited, Fakenham, Norfolk
Printed and bound by CPI Group (UK) Ltd, Croydon, CR0 4YY

All rights reserved. No part of this book may be reprinted or reproduced
or utilised in any form or by any electronic, mechanical, or other means,
now known or hereafter invented, including photocopying and recording,
or in any information storage or retrieval system, without permission in
writing from the publishers.

British Library Cataloguing in Publication Data
A catalogue record for this book is available from the British Library

Library of Congress Cataloging-in-Publication Data
Gönczöl Ramona, 1973–
    Romanian, an essential grammar / Ramona Gönczöl
        p. cm.
    Includes bibliographical references and index.
    1. Romanian language—Textbooks for foreign speakers—
English. 2. Romanian language—Grammar. I. Title.
    PC639.5.E5G675 2007
    459'. 82421—dc22

                                                            2007005253

ISBN10: 0–415–33824–7 (hbk)
ISBN10: 0–415–33825–5 (pbk)
ISBN10: 0–203–43231–2 (ebk)
ISBN13: 978–0–415–33824–0 (hbk)
ISBN13: 978–0–415–33825–7 (pbk)
ISBN13: 978–0–203–43231–0 (ebk)

Contents

Foreword

This book is a basic tool for understanding and acquiring Romanian grammar for beginners and intermediate learners. It is also useful for the more advanced learners who will find it a quick reference book to refresh their memory on certain points. The main target audience is the general reader who wants to understand the structure of the language. It is not an academic book for specialists and does not claim to cover exhaustively all aspects of Romanian grammar.

I originally wrote this grammar book in 2005, one year before the publication of the latest version of the official Romanian Academy Grammar, which introduced a number of changes. On revising this grammar in 2006, I rewrote the Verb chapter entirely to align with the introduction of eleven conjugations in place of the four that were in the old official grammar. I have also updated all the other chapters in accordance with the new grammar.

The explanations are short and clear but without being too specialized, as this would be the aim of a more advanced grammar. It is also a descriptive grammar rather than a practical one and therefore is not accompanied by a book of exercises. It is my intention to produce a book of exercises in the near future, dedicated to practising Romanian grammar for English-speaking learners.

I have tested the book on my students in the first year of university as well as adult learners in the evening classes I teach and hope that all my future readers will enjoy it and find it as useful as my students do.

All comments are welcome. Any errors in the book are entirely the fault of the author.

London, 2006

Acknowledgements

I would like to thank Professor Dennis Deletant for his contribution and support and with whom I initially co-wrote chapters 2, 3 and 5.

I would also like to thank my friends Jo Roberts and Radu Borza, who kindly proofread the book and made invaluable comments, especially regarding the presentation.

My special thanks go to my publishers, especially Sophie Oliver, Elizabeth Johnston and Ursula Mallows, who have shown a lot of understanding and assistance when most needed.

My thanks also go to all the people who encouraged me to see this project through. I will mention them in no particular order: Laura Andea, Simona Nastac, Andreea Deletant, Nathan Parker, Camille Gatin, Erika Thompson, Sinziana Dragos, Nadia Menuhin, Andreea Nicolescu, Dorota Holowiak, Lindsay Pollock, Eszter Tarsoly, Peter Duncan, Ger Duijzings, Catherine Landsman, Monika Gross, Cristi Andreescu, Dana Istodor, Milan Grba and Simon Platt. My apologies if I have left any friends out, their support is greatly appreciated.

Abbreviations

A	accusative
coll.	colloquial
D	dative
f.	feminine
G	genitive
m.	masculine
n.	neuter
N	nominative
pl.	plural
prep.	preposition
sing.	singular
V	vocative

Part 1

Grammar

Chapter 1

Sounds and letters

1.1 The Romanian alphabet

Letter	Romanian sound	Approximate English sound equivalent
A	**atlas** (atlas)	after
Ă	**ăla** (that)	under
Â	**câine** (dog)	no equivalent
B	**bunică** (grandma)	bag
C	**carte** (book)	class
D	**drag** (dear)	dear
E	**elefant** (elephant)	elephant
F	**formă** (form)	form
G	**gras** (fat)	grey
H	**haină** (coat)	hey
I	**inel** (ring)	Nick
Î	**în** (in)	no equivalent
J	**joc** (game)	genre
K	**kilogram**	kilogram
L	**lac** (lake)	lake
M	**mamă** (mother)	mum
N	**nepot** (nephew)	nephew
O	**oră** (hour)	sport
P	**pace** (peace)	peace
R	**rapid** (rapid)	rapid (rolled r)
Q	**Quintilian** (quintillion)	quick
S	**sare** (salt)	salt
Ș	**șarpe** (snake)	shame
T	**tată** (daddy)	tough
Ț	**țară** (country)	cats
U	**ușă** (door)	moon
V	**verde** (green)	vase

Letter	Romanian sound	Approximate English sound equivalent
X	**xilofon** (xylophone)	mix
W	**watt** (watt)	watt
Y	**yoga** (yoga)	yoga
Z	**zebră** (zebra)	zebra

1.2 Vowels

A a

Similar to the Standard English vowel in b*u*d or c*o*me.

Ana	**arc**	**acum**
Ann	bow	now

Ă ă

Similar to the English vowel sound in n*ur*se or und*er*.

ăsta	**cană**	**mărime**
this (coll.)	mug	size

Â â and Î î

These cannot be equated with any English vowel sound. Both letters represent the same sound. In writing, Â â is used if the sound appears anywhere inside the word, whilst Î î is used if the word starts or ends with this sound. In the case of compound words where the second word originally started with Î î, this letter will be preserved: **bineînţeles** (of course). A sound relatively close to this in English is **eugh!** (used to express disgust), but this is only an approximation. The Romanian sound represented by these two letters is very guttural.

E e

Similar to the vowels in *e*gg or p*e*n.

eclipsă	**etern**	**elegant**
eclipse	eternal	elegant

Note: The only exceptions are personal pronouns (**eu, el, ea, ei, ele**) and the forms of the verb **a fi** (to be) in the present and imperfect tenses that start with this letter (**eşti, este**) and (**eram, erai, era, eram, eraţi, erau**), in which the e is pronounced as a soft e similar to the English y*e*llow.

I i

Can be pronounced in two distinct ways. Either as a similar sound to the English vowels in k*ee*n or s*ee*n but shorter in length.

lin	**spin**	**in**
slowly	thorn	linen

Or it can be pronounced as a very soft, almost silent sound if it appears at the end of words after the following consonants:

p	**capi** (leaders)	b	**arabi** (Arabs)
f	**pantofi** (shoes)	v	**sclavi** (slaves)
ţ	**colţi** (fangs)	z	**englezi** (English men)
j	**coji** (peels)	m	**dormi** (you sleep)
n	**americani** (Americans)	l	**soli** (messengers)
r	**croitori** (tailors)		

However, if i appears after a pair of consonants where the latter is l or r, it is pronounced as a full i.

cr + i	**sacri** (sacred-pl.)	dr + i	**codri** (woods)
tr + i	**metri** (metres)	fl + i	**afli** (you find out)
pl + i	**umpli** (you fill up)	bl + i	**umbli** (you walk)
rl + i	**urli** (you howl)		

 O o

This is a very round vowel, similar to the English m*o*ck or s*o*ft.

om	**pom**	**somn**
man, being	fruit tree	sleep

 U u

Similar to the English p*u*t or s*oo*t.

unde	**nu**	**fum**
where	no	smoke

1.3 Consonants

P p

Similar to the English consonant.

parc	**capac**	**cap**
park	lid	head

B b

Similar to the English consonant.

bou	**ban**	**arab**
ox	coin	Arab

T t

Similar to the English consonant, but more muted.

tare	**etaj**	**atent**
hard	floor	careful

D d

Similar to the English consonant, but more muted.

dar	**adevăr**	**mod**
gift, but	truth	mode

C c

Similar to the English hard consonants **c** or **k** (as in the words *copper* or *king*) when followed by a consonant or the vowels **a, o, u,** ă and î.

cameră	**ecou**	**act**
room	echo	document

However, when followed by the vowels e and i, it is pronounced as in *che*ss or *chee*se. A hard c followed by the vowels e and i is marked in writing by che and chi and pronounced as in *ca*t or *ki*ss.

c + **e**	cerere (application)	as in *che*ss
c + **i**	cină (dinner)	*chee*se
ch + **e**	chelner (waiter)	*ca*t
ch + **i**	chibrit (match)	*ki*ss

G g

Similar to the English hard consonant **g** (as in grey) when followed by a consonant or the vowels **a, o, u,** ă and î.

gata	**gând**	**grădină**
ready	thought	garden

However, when followed by the vowels e and i, it is pronounced as in *ge*nerous or *gy*m. A hard g followed by the vowels e and i is marked in writing by ghe and ghi and pronounced as in *ge*t or *gea*r.

g + **e**	generos	as in generous
g + **i**	ginere (son-in-law)	gym
gh + **e**	ghete (boots)	get
gh + **i**	ghinion (bad luck)	gear

Ț ț

Pronounced like 'ts' in ca*ts*, ma*ts*.

| **țap** | **maț** | **ață** |
| billy-goat | gut | thread |

F f

Similar to the English consonant.

| **fată** | **afară** | **jaf** |
| girl | outside | robbery |

V v

Similar to the English consonant.

| **vară** | **vecin** | **vis** |
| summer | neighbour | dream |

S s

Similar to the English consonant.

| **soare** | **vas** | **casă** |
| sun | boat | house |

Z z

Similar to the English consonant.

| **zi** | **ziar** | **orez** |
| day | newspaper | rice |

Ș ș

Similar to the English sound in *sh*ell, *sh*ame.

| **șase** | **șah** | **caș** |
| six | chess | fresh cheese |

J j

Similar to the English sound in plea*s*ure or *g*enre.

joc	**ajutor**	**curaj**
game	help	courage

H h

Similar to the English sound in *h*eap or *h*eal.

haină	**hartă**	**pahar**
coat	map	glass

M m

Similar to the English consonant.

mamă	**maşină**	**om**
mother	car	being, man

N n

Similar to the English consonant.

nume	**nervos**	**nimic**
name	angry	nothing

L l

Similar to the English consonant.

lac	**lume**	**lemn**
lake	world	wood

R r

Similar to the English consonant, but always rolled.

rus	**ramură**	**urs**
Russian	branch	bear

1.4 Diphthongs and triphthongs

1.4.1 Diphthongs

They represent two vowels pronounced as a single syllable.

ea

dimineaţă	**şosea**	**greaţă**
morning	road	sickness

eo

vreodată   **aoleo!**   **vreo**
ever   oh, God!   any

ia

iarbă   **fiară**   **băiat**
grass   beast   boy

ie

ieri   **miere**   **femeie**
yesterday   honey   woman

io

Iordania   **iodură**   **creion**
Jordan   iodine   pencil

iu

iute   **iunie**   **preludiu**
fast, spicy   June   prelude

oa

şcoală   **noapte**   **oameni**
school   night   people

ua

ploua   **cafeaua**   **ziua**
to rain   the coffee   the day

uă

ouă   **nouă**   **două**
eggs   nine   two (f.)

ai

mai   **scai**   **tramvai**
May   thorn   tram

ăi

văi	**răi**	**tăi**
valleys	bad (m. pl.)	your (pl.)

âi

câine	**pâine**	**mâine**
dog	bread	tomorrow

ei

lei	**ulei**	**trei**
lions	oil	three

ii

copii	**fotolii**	**colocvii**
children	armchairs	seminars

oi

doi	**noi**	**ploi**
two	we	rains

ui

pui	**cuib**	**spui**
chickens	nest	you say

au

adaug	**dau**	**august**
I add	I give	August

ău

rău	**tău**	**său**
bad	your (m. sing.)	his

âu

râu	**brâu**	**molâu**
river	belt	indolent

eu

mereu	**leu**	**greu**
constantly	lion	heavy

iu

ştiu	**fiu**	**viu**
I know	son	alive

ou

bou	**cadou**	**stilou**
ox	present	fountain pen

1.4.2 *Vowels in hiatus*

They appear in adjacent syllables and are pronounced separately.

i-e

filozofie	**psihologie**	**antropologie**
philosophy	psychology	anthropology

i-a

dialog	**diamant**	**dialoga**
dialogue	diamond	to debate

i-i

ştiinţă	**fiinţă**	**miime**
science	being	thousandth

i-o

miopie	**dioptrie**	**diodă**
myopia	dioptre	diode

e-a

reacţie	**creaţie**	**realizare**
reaction	creation	realization

e-e

alee	pusee	moschee
alley	fits	mosque

e-u

european	Europa	euforie
European	Europe	euphoria

a-i

aici	cais	hain
here	apricot tree	mean

a-u

autor	autograf	autogară
author	autograph	bus station

ă-i

făină	străină	găină
floor	foreign (f.)	hen

o-i

voinţă	foiţă	troiţă
will	thin leaf	triptych

u-u

continuu	ambiguu	asiduu
continuous	ambiguous	relentless

o-o

alcool	zoologie	cooperare
alcohol	zoology	cooperation

1.4.3 | Triphthongs

They represent three successive vowels pronounced as one syllable.

eau

vreau	**apăreau**	**tăceau**
I want	they were appearing	they were silent

eai

stăteai	**spuneai**	**păreai**
you were staying	you were saying	you were seeming

oai

englezoaică	**turcoaică**	**spanioloaică**
English woman	Turkish woman	Spanish woman

iai

trăiai	**construiai**	**suiai**
you were living	you were building	you were climbing

iau

miau	**iau**	**trăiau**
miaow!	I take	they were living

iei

miei	**piei**	**iei**
lambs	skins	you take

ioa

creioane	**inimioară**	**aripioară**
pencils	little heart	little wing

1.5 Stress and intonation

In Romanian the stress can fall on any syllable of the word. This has been affected by contact with and the influence of other languages on Romanian. The stress can express the difference between words with the same spelling from a grammatical or a semantic point of view: veselă (happy, adj.) and veselă (dishes, noun) or intră (he enters, present tense) and intră (he entered, simple past tense).

In sentences, the intonation is quite similar to English, i.e. it tends to fall in pitch in normal statements as well as in interrogative statements where the answer is implied in the questions, while rising in open interrogative statements.

Chapter 2

Nouns

2.1 Gender

Romanian retains all the three genders of Latin (masculine, feminine and neuter). The gender of a noun can usually be determined by its ending or its meaning. However, it is advisable to learn new words together with their genders.

From the point of view of form, nouns can be divided into simple (one noun) and compound (two or more nouns linked together). This will be presented in more detail in Chapter 12.

2.1.1 Masculine nouns

Masculine nouns have the following endings in the singular:

-consonant	**bărbat**	(man)	**inginer**	(engineer)
	pantof	(shoe)	**portocal**	(orange tree)
	cal (horse)	**struț** (ostrich)		
-u	**ministru** (minister) **metru** (metre)	**codru** (forest)		
-eu	**Dumnezeu** (God) **cimpanzeu** (chimpanzee)	**zmeu** (dragon)		
-ău	**călău** (executioner)	**flăcău** (young man)		
-ou	**bou** (ox)	**erou** (hero)		
-iu	**fiu** (son) **camionagiu** (truck driver)	**vizitiu** (coachman)		

-e	**nasture** (button)	**dinte** (tooth)
	rege (king)	**mire** (groom)
	câine (dog)	**iepure** (rabbit)
-i	**ochi** (eye)	**genunchi** (knee)
	unchi (uncle)	**lămâi** (lemon tree)
	usturoi (garlic)	**pui** (chicken)
-ă	**tată** (father)	**popă** (priest)
	papă (pope)	**bulibaşă** (gypsy baron)

The gender of masculine nouns can be natural or grammatical. Nouns that have a natural masculine gender denote male human beings, professions (there is also a corresponding female equivalent) and male animals.

băiat (boy)	**bărbat** (man)	**inginer** (engineer)
constructor (builder)	**medic** (doctor)	**traducător** (translator)
tigru (tiger)	**leu** (lion)	**cocoş** (rooster)
bou (ox)	**câine** (dog)	**arici** (hedgehog)

The following nouns are considered masculine:

- *months of the year*: ianuarie, februarie, martie, aprilie, mai, iunie, iulie, august, septembrie, octombrie, noiembrie, decembrie
- *numbers and letters*: un doi, un trei, un patru, un A, un C, un Z
- *most names of trees*: păr (pear), nuc (walnut), prun (plum), cais (apricot), cireş (cherry), brad (fir), stejar (oak), mesteacăn (birch), fag (beech).
- *names of certain plants and flowers*: ardei (pepper), bostan (pumpkin), cartof (potato), bujor (peony), crin (lily), nufăr (water lily).
- *musical notes*: do, re, mi, fa, sol, la, si, do
- *some names of towns and areas*: Bucureşti, Iaşi, Ploieşti, Cluj, Ardeal, Maramureş
- *names of most mountains and mountain ranges*: Carpaţi, Apuseni, Bucegi, Semenic
- *certain general objects*: pantof (shoe), pantaloni (trousers), sac (sack), cleşte (pliers), perete (wall).

2.1.2 | Neuter nouns

Neuter nouns have the same endings in the singular as masculine nouns, but they are generally inanimate and neologisms. The endings are as follows:

-consonant	dula**p** (wardrobe)		**caiet** (notebook)
	scaun (chair)		**drum** (road)
	pod (bridge)		**apartament** (apartment)
-u	**timbru** (stamp)		**teatru** (theatre)
			lucru (thing)
	-eu	**eseu** (essay)	**muzeu** (museum)
		curcubeu (rainbow)	**jubileu** (jubilee)
	-ău	**ferăstrău** (see-saw)	**tămbălău** (scandal)
	-ou	**stilou** (fountain pen)	**ou** (egg)
		tablou (picture)	**birou** (office)
		tricou (t-shirt)	**cadou** (present)
	-iu	**exercițiu** (exercise)	**deceniu** (decade)
		concediu (holiday)	**sacrificiu** (sacrifice)
		juriu (jury)	**salariu** (wages)
-e	**nume** (name)		**prenume** (first name)
	renume (fame)		**spate** (back)
	pântece (womb)		**foarfece** (scissors)
-i	**ulei** (oil)		**meci** (match)
	ghiveci (flowerpot)		**bici** (whip)
	tramvai (tram)		**taxi** (taxi)
	obicei (habit)		**ceai** (tea)
-o	**video** (video)		**radio** (radio)
	zero (zero)		**chimono** (kimono)

Neuter nouns are generally inanimate:

*   *general objects*: **stilou** (fountain pen), **caiet** (notebook), **dulap** (wardrobe), **scaun** (chair), **frigider** (fridge), **ciocan** (hammer), **foarfece** (scissors), **birou** (desk)
*   *some materials and matters*: **coniac** (cognac), **lapte** (milk), **salam** (salami), **unt** (butter), **ulei** (oil), **pământ** (earth), **sânge** (blood)
*   *most sports*: **baschet** (basketball), **fotbal** (football), **volei** (volleyball), **handbal** (handball), **atletism** (athletics)
*   *some abstract nouns*: **adevăr** (truth), **auz** (hearing), **câștig** (gain), **sacrificiu** (sacrifice)

- *colours*: **roşu** (red), **verde** (green), **maro** (brown), **albastru** (blue), **galben** (yellow), **negru** (black), **alb** (white)
- *nouns derived from verbs in the supine mood:* **tuns** (haircut), **ras** (shave), **reparat** (repair), **spălat** (washing), **fumat** (smoking), **vopsit** (painting), **plâns** (crying), **râs** (laughter)

There are a few animates which belong to the neuter gender: **personaj** (character), **mamifer** (mammal), **animal** (animal), **planton** (guard).

2.1.3 | Feminine nouns

Feminine nouns have the following endings in the singular:

-ă		
	casă (house)	**masă** (table)
	fată (girl)	**mână** (hand)
	găină (hen)	**broască** (frog)
	brânză (cheese)	**ceapă** (onion)
	maşină (car)	**vacanţă** (holiday)

-e		
	carte (book)	**floare** (flower)
	minge (ball)	**scrisoare** (letter)
-vowel + **ie**	**femeie** (woman)	**ploaie** (rain)
	baie (bath)	**tigaie** (frying pan)
-consonant + **ie**	**familie** (family)	**istorie** (history)
	memorie (memory)	**rochie** (dress)
-ee	**idee** (idea)	**diaree** (diarrhoea)
	alee (alley)	

-a		
	basma (head scarf)	**sarma** (stuffed cabbage leaf)
	pijama (pyjamas)	**haimana** (tramp)
	macara (crane)	**mahala** (suburb)

-ea / ia		
	cafea (coffee)	**şosea** (road)
	chiftea (meatball)	**saltea** (mattress)
	nuia (stick)	**boia** (paprika)

-i		
	luni (Monday)	**marţi** (Tuesday)
	tanti (auntie)	**zi** (day)

Feminine nouns denote female beings and the professions in which they work:

- *female beings*: **fată** (girl), **femeie** (woman), **mamă** (mother), **fiică** (daughter), **mătuşă** (aunt)

Forming
the
feminine
from a
masculine
noun

- *female jobs:* **profesoară** (female teacher), **croitoreasă** (seamstress), **ingineră** (female engineer), **contabilă** (female accountant), **muncitoare** (female worker), **actriţă** (actress)

There is also a variety of other words that are feminine:

- *some animals:* **iapă** (mare), **gâscă** (goose), **vulpe** (fox), **leoaică** (lioness), **pisică** (cat)
- *certain general objects:* **carte** (book), **uşă** (door), **clădire** (building), **bancă** (bank), **fereastră** (window)
- *some plants:* **mazăre** (pea), **fasole** (bean), **pătlăgea** (tomato), **ceapă** (onion)
- *most flowers:* **garoafă** (carnation), **pansea** (pansy), **crizantemă** (chrysanthemum), **azalee** (azalea)
- *most fruit:* **caisă** (apricot), **piersică** (peach), **pară** (pear), **căpşună** (strawberry), **cireaşă** (cherry)
- *names of days, times of the day and seasons:* **luni** (Monday), **marţi** (Tuesday), **miercuri** (Wednesday) etc., **seară** (evening), **zi** (day), **după-amiază** (afternoon), **iarnă** (winter), **vară** (summer) etc.
- *some names of towns and areas:* **Timişoara, Oradea, Baia Mare, Sighişoara, Craiova, Transilvania, Moldova**
- *most countries and continents:* **România** (Romania), **Anglia** (England), **Scoţia** (Scotland), **Irlanda** (Ireland), **Canada** (Canada), **Franţa** (France), **Belgia** (Belgium), **Australia** (Australia), **America** (America) etc.
- *certain abstract words:* **iubire** (love), **teamă** (fear), **ură** (hatred), **milă** (mercy), **dorinţă** (desire)
- *some actions:* **lucrare** (work), **cântare** (singing), **alergare** (running), **dezbatere** (debate)
- *most names of sciences and arts:* **istorie** (history), **biologie** (biology), **matematică** (mathematics), **fizică** (physics), **arhitectură** (architecture), **artă** (art), **pictură** (painting), **poezie** (poetry)

2.2 Forming the feminine from a masculine noun

Masculine nouns ending in	Add	Change to
-consonant	**-ă**	
-u		**-ă**
-ian/-ean	**-că**	
-or/-ar/-ăr/-er	**-iţă**	
-consonant	**-easă/-esă**	
-tor		**-toare**

19

It is possible to generate a feminine form of many masculine nouns ending in a consonant by adding -ă to their ending:

un prieten	male friend	**o prietenă**	female friend
un secretar	male secretary	**o secretară**	female secretary
un şef	male boss	**o şefă**	female boss

Masculine nouns ending in -u will change this ending into -ă:

un socru	father-in-law	**o soacră**	mother-in-law
un membru	male family member	**o membră**	female member

Nouns that refer to the place of birth or to some nationalities, and which end in -ian/-ean will add -că in order to form the feminine:

un timişorean	someone from Timişoara	**o timişoreancă**
un ardelean	someone from Transylvania	**o ardeleancă**
un belgian	someone from Belgium	**o belgiancă**
un scoţian	someone from Scotland	**o scoţiancă**

When a masculine noun shows nationality or membership of an ethnic group, quite often the ending -oaică is added to the noun:

un rus	male Russian	**o rusoaică**	female Russian
un englez	male English	**o englezoiacă**	female English
un francez	male French	**o franţuzoaică**	female French

-oaică can be added to some masculine names of animals:

un lup	male wolf	**o lupoaică**	female wolf
un urs	male bear	**o ursoaică**	female bear

Most nouns ending in -or/-ar/-ăr/-er and denoting names of professions will take the ending -iţă to form the feminine:

un doctor	male doctor	**o doctoriţă**	female doctor
un actor	actor	**o actriţă**	actress
un şofer	male driver	**o şoferiţă**	female driver

Some nouns ending in a consonant denoting professions or male roles will add -easă/-esă to form the feminine:

un preot	male priest	o preoteasă	female priest, or wife
un mire	groom	o mireasă	bride
un bucătar	male cook	o bucătăreasă	female cook

Nouns ending in -**tor** denoting male beings will change the ending to -**toare** to form the feminine:

un muncitor	male worker	o muncitoare	female worker
un vânzător	male shop assistant	o vânzătoare	shop assistant

Exception:

un croitor	tailor	o croitoreasă	seamstress

There are masculine nouns that derive from feminine nouns. They take the endings -**an** or -**oi** in the masculine:

o gâscă	goose	un gâscan	gander
o curcă	turkey hen	un curcan	turkey cock
o rață	duck	un rățoi	drake

Some nouns have different forms for the masculine and the feminine pairs when the meaning requires it:

un bărbat	o femeie	man	woman
un băiat	o fată	boy	girl
un tată	o mamă	father	mother
un fiu	o fiică	son	daughter
un soț	o soție	husband	wife
un țap	o capră	billy-goat	nanny-goat
un câine	o cățea	dog	bitch
un bou	o vacă	bull	cow
un cocoș	o găină	rooster	hen
un ginere	o noră	son-in-law	daughter-in-law
un frate	o soră	brother	sister

Number

2.3.1 | *Masculine nouns*

Nouns ending in	Add	Change to
consonant	-i	
-e		-i
-u		-i
-l		-i
-ă		-i
-i	remain the same	

Nouns ending in a consonant add -i to form the plural:

profesor	**profesori**	teacher(s)/professor(s)
inginer	**ingineri**	engineer(s)
cocoş	**cocoşi**	cockerel(s)
vecin	**vecini**	neighbour(s)

When the nouns end in the following consonants, several spelling and phonetic changes occur:

brad	**brazi**	d/z	fir tree(s)
linx	**lincşi**	x/ş	lynx(s)
bărbat	**bărbaţi**	t/ţ	man/men
violonist	**violonişti**	st/şt	violonist(s)
obraz	**obraji**	z/j	cheek(s)
ins	**inşi**	s/ş	chap(s)
fotbalist	**fotbalişti**	st/şt	footballer(s)
ministru	**miniştri**	str/ştr	minister(s)
belgian	**belgieni**	ian/ien	Belgian(s)
măr	**meri**	ă/e	apple(s)
tânăr	**tineri**	â/i + ă/e	young person(s)

When the nouns end in -e, -u, -ă, these vowels are replaced by -i in the plural:

leu	lei	lion	lions
fiu	fii	son	sons
frate	fraţi	brother	brothers
câine	câini	dog	dogs
tată	taţi	father	fathers
popă	popi	priest	priests

For the following nouns only ending in -l, the -l is replaced with -i in the plural. Other nouns ending in -l take an -i in the plural, as normal (coral–corali, coral; vandal–vandali, vandal; papagal–papagali, parrot).

copil	copii	child	children
şoricel	şoricei	mouse	mice
cal	cai	horse	horses
miel	miei	lamb	lambs
viţel	viţei	calf	calves
căţel	căţei	puppy	puppies
porumbel	porumbei	dove	doves

Nouns ending in -i in the singular remain unchanged in the plural:

lămâi	lămâi	lemon tree	lemon trees
pui	pui	chicken	chickens
ardei	ardei	pepper	peppers
ochi	ochi	eye	eyes
rinichi	rinichi	kidney	kidneys
genunchi	genunchi	knee	knees

The following nouns are considered irregular:

om	oameni	man	men
popă	popi	priest	priests
tată	taţi	father	fathers

pașă	pași	pasha	pashas
papă	papi	pope	popes

2.3.2 | Feminine nouns

Nouns ending in	Add	Change to
-ă		**-i**
-ă		**-e**
-ă		**-uri**
-e		**-i**
-le		**-i**
vowel + **ie**		vowel + **i**
consonant + **ie**		consonant + **ii**
-oare		remains the same
-a		**-ale**
-ea		**-ele**

Note: Nouns ending in -ă can form the plural in -e, in -i or in -uri. There is no precise rule governing which nouns form the plural in -e, -i or -uri. It is therefore advisable to learn the plural of the feminine nouns whenever you learn a new feminine word. (NB: You will note in the examples below that other changes can also take place within the word when it is declined. See below for more examples, and section 2.3.4 regarding vowel and consonant shifts.)

Some nouns replace -ă with -i in the plural:

păpușă	păpuși	doll	dolls
cană	căni	mug	mugs
sală	săli	hall	halls

Some nouns replace -ă with -e:

studentă	studente	student	students
profesoară	profesoare	teacher	teachers
casă	case	house	houses

Some nouns replace -ă with -uri:

treabă	treburi	task	tasks
marfă	mărfuri	product	goods

ceartă	**certuri**	quarrel	quarrels
vreme	**vremuri**	time	times

Some nouns replace -e with -i in the plural:

carte	**cărţi**	book	books
misiune	**misiuni**	mission	missions
pâine	**pâini**	bread	loaves of bread
idee	**idei**	idea	ideas

Nouns ending in -le replace this with -i:

vale	**văi**	valley	valleys
cale	**căi**	path	paths

Nouns ending in -ie preceded by a vowel replace -ie with -i:

femeie	**femei**	woman	women
cheie	**chei**	key	keys
lămâie	**lămâi**	lemon	lemons

Nouns ending in -ie preceded by a consonant will replace -ie with -ii:

familie	**familii**	family	families
cofetărie	**cofetării**	patisserie	patisseries
pălărie	**pălării**	hat	hats

Nouns ending in -oare, usually describing jobs, remain unchanged in the plural:

muncitoare	**muncitoare**	worker	workers
vânzătoare	**vânzătoare**	saleswoman	saleswomen

Nouns ending in -a replace this with -ale:

pijama	**pijamale**	pyjamas	pyjamas
basma	**basmale**	scarf	scarves
macara	**macarale**	crane	cranes

Nouns ending in -ea replace this with -ele:

cafea	**cafele**	coffee	coffees
lalea	**lalele**	tulip	tulips
stea	**stele**	star	stars

When feminine nouns form the plural, several spelling and phonetic changes can occur:

cană	**căni**	a/ă	mug(s)
fată	**fete**	a/e	girl(s)
iarnă	**ierni**	ia/ie	winter(s)
şcoală	**şcoli**	oa/o	school(s)
fereastră	**ferestre**	ea/e	window(s)
stradă	**străzi**	d/z	street(s)
carte	**cărţi**	t/ţ	book(s)

Irregular feminine nouns:

soră	**surori**	sister	sisters
noră	**nurori**	daughter-in-law	daughters-in-law
zi	**zile**	day	days
mână	**mâini**	hand	hands

2.3.3 | Neuter nouns

Nouns ending in	Add	Change to
consonant	-e	
consonant	-uri	
-i	-e	
-i	-uri	
-u		-e
-u		-uri
-iu		-ii
-o	-uri	
-e	unchanged	

Note: Neuter nouns, just like feminine nouns, can have different endings for the plural. There is no precise rule as to which form the plural in **-uri** and which in **-e**. It is therefore advisable to learn the plural form every time you learn a new neuter noun.

Some nouns ending in a consonant add -e in the plural:

oraş	**oraşe**	town	towns
dicţionar	**dicţionare**	dictionary	dictionaries
moment	**momente**	moment	moments

Some nouns ending in a consonant add **-uri** to form the plural:

joc	**jocuri**	game	games
săpun	**săpunuri**	soap	soaps

Some nouns ending in -i add -e for the plural:

tramvai	**tramvaie**	tram	trams
evantai	**evantaie**	fan	fans
cui	**cuie**	nail	nails
călcâi	**călcâie**	heel	heels

Some nouns ending in -i add -uri in the plural:

taxi	**taxiuri**	taxi	taxis
meci	**meciuri**	match	matches

Some nouns ending in -u replace this with -e:

teatru	**teatre**	theatre	theatres
muzeu	**muzee**	museum	museums

Some nouns ending in -u replace this with -uri:

râu	**râuri**	river	rivers
stilou	**stilouri**	pen	pens

Some nouns ending in -iu replace this with -ii:

fotoliu	**fotolii**	armchair	armchairs
studiu	**studii**	study	studies

27

Some nouns ending in -o, add -uri in the plural:

radio	**radiouri**	radio	radios
zero	**zerouri**	zero	zeros

When neuter nouns take an ending to form the plural, several spelling and phonetic changes can occur:

creion	**creioane**	o/oa	pencil(s)
motor	**motoare**	or/oare	engine(s)
război	**războaie**	oi/oaie	war(s)
cuvânt	**cuvinte**	â/i	word(s)

Irregular plurals for neuter nouns:

ou	**ouă**	egg	eggs
cap	**capete**	head	heads
seminar	**seminarii**	seminary	seminaries
chipiu	**chipie**	cap	caps
sicriu	**sicrie**	coffin	coffins
nume	**nume**	name	names
prenume	**prenume**	first name	first names
pronume	**pronume**	pronoun	pronouns
spate	**spate**	back	backs
foarfece	**foarfece**	scissors	scissors

2.3.4 *Vowel and consonant shifts*

When a noun is put in the plural, little changes can occur in the root, called shifts. Here is a list of the shifts:

2.3.4.1 Vowel shifts

a/ă	**sală-săli, stradă-străzi**	hall(s), street(s)
a/e	**fată/fete, masă/mese**	girl(s), table(s)
ă/e	**umăr/umeri, măr/meri**	shoulder(s), apple tree(s)
â/i	**cuvânt/cuvinte, tânăr/tineri**	word(s), young person(s)

ea/e	cafea/cafele, ceapă/cepe	coffee(s), onion(s)
ia/ie	*iarnă/ierni, iapă/iepe*	winter(s), mare(s)
oa/o	şcoală/şcoli, noapte/nopţi	school(s), night(s)
o/oa	popor/popoare, creion/creioane	people(s), pencil(s)

2.3.4.2 | Consonant shifts

d/z	zăpadă/zăpezi, brad/brazi	snow, fir tree(s)
s/ş	pas/paşi, urs/urşi	step(s), bear(s)
st/şt	specialist/specialişti, artist/artişti	specialist(s), artist(s)
str/ştr	ministru/miniştri	minister(s)
t/ţ	băiat/băieţi, student/studenţi	boy(s), student(s)
c/ci/ce	nucă/nuci, amică/amice	nut(s), friend(s) (f.)
g/gi/ge	coleg/colegi, colegă/colege	colleague(s) (m.), colleague(s) (f.)
z/j	obraz/obraji	cheek(s)

2.4 Case

Romanian has five cases: nominative (N), accusative (A), genitive (G), dative (D) and vocative (V).

For nouns accompanied by the indefinite article, it is the indefinite article that changes during declension. (*Note*: There is an exception to this rule for feminine nouns in the genitive and dative, where most feminine nouns also take the plural form both in the singular and in the plural.)

For nouns that have a definite article, the case ending is added to the noun itself. (*Note*: Most feminine nouns in the genitive and dative take the plural form both in the singular and in the plural.)

2.4.1 | *Nouns with an indefinite article*

| un inginer | o ingineră | a male engineer | a female engineer |
| nişte ingineri | nişte inginere | some male engineers | some female engineers |

	M (sing.)	F (sing.)	M (pl.)	F (pl.)
N	un inginer	o ingineră	niște ingineri	niște inginere
A	un inginer	o ingineră	niște ingineri	niște inginere
G	unui inginer	unei inginere	unor ingineri	unor inginere
D	unui inginer	unei inginere	unor ingineri	unor inginere
V	—	—	—	—

Please note that in the singular, feminine nouns, in the genitive and dative cases, besides the article **unei**, take the same form as the plural (i.e. inginere).

2.4.2 | Nouns with a definite article

inginerul	inginera	the male engineer	the female engineer
inginerii	inginerele	the male engineers	the female engineers

	M (sing.)	F (sing.)	M (pl.)	F (pl.)
N	inginerul	inginera	inginerii	inginerele
A	inginerul	inginera	inginerii	inginerele
G	inginerului	inginerei	inginerilor	inginerelor
D	inginerului	inginerei	inginerilor	inginerelor
V	Inginerule!	Inginero!	Inginerilor!	Inginerelor!

Please note that in the singular, feminine nouns, in the genitive and dative cases, besides the ending -i, take the same form as the plural.

Neuter nouns take the same articles as masculine nouns in the singular, and as feminine nouns in the plural.

	N (sing.) Indef. art.	N (sing.) Def. art.	N (pl.) Indef. art.	N (pl.) Def. art.
N	un oraș	orașul	niște orașe	orașele
A	un oraș	orașul	niște orașe	orașele
G	unui oraș	orașului	unor orașe	orașelor
D	unui oraș	orașului	unor orașe	orașelor
V	—	—	—	—

2.4.2.1 | Proper names of people and declension

Male names receive **lui** before the name:

Iulian	lui Iulian
Radu	lui Radu
Marcel	lui Marcel

In the genitive and dative cases, *female names* behave like any other feminine noun. They take a plural form and the ending -i:

Nina	Ninei
Andreea	Andreei
Ema	Emei
Dana	Danei

Note: When female names end in -ca, this becomes -căi in the genitive and dative cases:

Monica	Monicăi
Florica	Floricăi

If we have to put a foreign female name or a female name which does not end in -a in the genitive or in the dative, we add **lui** in front of the name, just as with male names:

Lili	lui Lili
Carmen	lui Carmen
Hayley	lui Hayley
Julie	lui Julie

2.4.2.2 | Names of towns, rivers, places

According to their ending, these names are considered feminine (if they end in -a) or masculine (if they end in a consonant, -e, -i-, -u or -o). Consequently, they decline as feminine or masculine.

Arad	Aradului	Sibiu	Sibiului
Cluj	Clujului	Egipt	Egiptului
Mureş	Mureşului	Bucureşti	Bucureştiului
Paşte	Paştelui	Monaco	Monacoului
Marte	Martelui	Ploieşti	Ploieştiului
Timişoara	Timişoarei	Sighişoara	Sighişoarei
România	României	Ungaria	Ungariei
Anglia	Angliei	Spania	Spaniei

Some proper nouns are grammatically in the plural and consequently are declined as a plural noun. Some can have double forms:

Carpaţi	Carpaţilor	Bucureşti	Bucureştilor
Apuseni	Apusenilor	Iaşi	Iaşilor

2.4.3 | The vocative case

Nouns are expressed in the vocative case (V) when we address someone directly. See the Glossary of grammatical terms at the end of this book.

Most nouns do not have a different form in the vocative. The singular feminine nouns without an article and most proper nouns remain unchanged.

Doamnă, veniţi aici vă rog!   **Madam, please come here!**
Andrei, taci din gură!   **Andrei, shut up!**

In all three genders, nouns in the plural use the genitive/dative forms to form the vocative:

Doamnelor, domnişoarelor şi domnilor!   Ladies, young ladies and gentlemen!

For some feminine sigular nouns, the following endings can be used:

-o	**Vecino!**	Neighbour!
	Rodico!	Rodica!
-ă	**Ană!**	Ana!
-e	**Marie!**	Maria!

Note: The use of the vocative endings -e and -ă with female proper names carries a regional undertone.

Masculine singular nouns and some male names take the ending **-le** in the vocative:

Băiatule!	Boy!
Radule!	Radu!

2.5   Compound nouns

Romanian has many compound nouns which can be spelled as one or two words. When we decline the compound nouns, they behave like any noun if they are spelled as one word. If they are spelled as two words, they normally change the first part, both parts or neither part.

2.5.1 Compound nouns spelled as one word

un radiocasetofon	două radiocasetofoane	tape recorder(s)
o videocameră	două videocamere	videocamera(s)
un răufăcător	doi răufăcători	offender(s)

2.5.2 Compound nouns spelled as two words, with or without a hyphen:

un papă lapte	doi papă lapte	milksop(s)
un pierde-vară	doi pierde-vară	loser(s)
un ardei gras	doi ardei graşi	red pepper(s)
un făt-frumos	doi feţi-frumoşi	prince charming(s)
un vagon de dormit	două vagoane de dormit	sleeping car(s)
o mamă-eroină	două mame-eroine	heroic mother(s)
un oraş-târg	două oraşe-târg	market town(s)
o floare de nu-mă-uita	două flori de nu-mă-uita	forget-me-not(s)
o turtă dulce	două turte dulci	gingerbread(s)

Chapter 3

Articles

Indefinite article

	Singular			Plural		
	M.	F.	N.	M.	F.	N.
N	un	o	un	nişte	nişte	nişte
A	un	o	un	nişte	nişte	nişte
G	unui	unei	unui	unor	unor	unor
D	unui	unei	unui	unor	unor	unor

Examples:

N/A, m. sing.	**un copac**
N/A, m. pl.	**nişte copaci**
G/D, m. sing	**unui copac**
G/D, m. pl.	**unor copaci**
N/A. f. sing.	**o casă**
N/A, f. pl.	**nişte case**
G/D, f. sing.	**unei case**
G/D, f. pl.	**unor case**
N/A, n. sing.	**un tramvai**
N/A, n. pl.	**nişte tramvaie**
G/D, n. sing.	**unui tramvai**
G/D, n. pl.	**unor tramvaie**

3.1.1 | Uses of the indefinite article

The indefinite article, which corresponds to the English forms 'a', 'an' and 'some', is used to designate non-specific nouns, with which it agrees in gender, number and case. It is always placed in front of the noun, just as in English.

The definite article has a number of uses and contexts:

1 To designate non-specific nouns:

Azi am cumpărat o carte de filosofie şi un album de fotografii vechi.
Today I bought a book of philosophy and an album of old photographs.

2 To precede proper names, especially of personalities, and use them as simple nouns:

Un Eminescu nu se naşte în fiecare zi.
An Eminescu is not born every day.

Îmi amintesc o Românie frumoasă.
I remember a beautiful Romania.

3 To indicate someone we do not know very well:

Te caută un Popescu
Someone called Popescu is looking for you.

4 To be used with other parts of speech that behave like nouns:

Mi-ai făcut un rău mare. (*rău* is an adverb)
You did me a great wrong.

Am auzit un ţâr-ţâr la uşă. (*ţâr-ţâr* is an interjection)
I heard a ring at the door.

5 To indicate a piece of work by a famous artist:

Acesta este un Ţuculescu original.
This is an original Ţuculescu.

6 When it has the meaning of ' a pair'or 'some':

Ţache poartă nişte pantaloni roşii.
Ţache is wearing a pair of red trousers.

Simona are nişte idei originale.
Simona has some original ideas.

7 When the noun expressing the nationality or the occupation of a person is modified by an adjective:

Mihai este un român bun.
Mihai is a good Romanian.

Laura este o actriţă talentată.
Laura is a talented actress.

3.2 Definite article

The definite article in Romanian has multiple forms, according to the gender, the number and the ending of the noun.

3.2.1 Masculine nouns

Examples	Singular	Plural
băiat	**băiatul**	**băieţii**
boy	the boy	the boys
munte	**muntele**	**munţii**
mountain	the mountain	the mountains
unchi	**unchiul**	**unchii**
uncle	the uncle	the uncles
membru	**membrul**	**membrii**
member	the member	the members
popă	**popa**	**popii**
priest	the priest	the priests

Note: The definite articles for masculine nouns in the singular are -l, -ul, -le or -a. For the masculine nouns in the plural, the invariable definite article is -i.

3.2.2 Feminine nouns

Examples	Singular	Plural
fată	**fata**	**fetele**
girl	the girl	the girls
cană	**cana**	**cănile**
mug	the mug	the mugs

blană	**blan**a	**blănuri**le
fur	the fur	the furs
parte	**parte**a	**părţi**le
part	the part	the parts
prăjitură	**prăjitur**a	**prăjituri**le
cake	the cake	the cakes
prăvălie	**prăvăli**a	**prăvălii**le
shop	the shop	the shops
cheie	**chei**a	**chei**le
key	the key	the keys
sarma	**sarma**ua	**sarma**lele
stuffed cabbage leaf	the stuffed cabbage leaf	the stuffed cabbage leaves
cafea	**cafea**ua	**cafe**lele
coffee	the coffee	the coffees

Note: The definite article for feminine nouns in the singular is -a or -ua.
The definite article for feminine nouns in the plural is always -le.

3.2.3 | Neuter nouns

Examples	*Singular*	*Plural*
vin	**vin**ul	**vinuri**le
wine	the wine	the wines
pahar	**pahar**ul	**pahare**le
glass	the glass	the glasses
tricou	**tricou**l	**tricouri**le
t-shirt	the t-shirt	the t-shirts
ou	**ou**l	**ouă**le
egg	the egg	the eggs
nume	**nume**le	**nume**le
name	the name	the names
studiu	**studi**ul	**studii**le
study	the study	the studies

Note: The definite articles for neuter nouns in the singular are -ul, -l or -le.
The definite article for neuter nouns in the plural is always -le.

3.2.4 | Uses of the definite article

1   To accompany nouns that describe unique things:

Soarele răsare de la est.
The sun rises in the East.

2   To accompany nouns that are known to the speaker because of their proximity to the speaker:

Dă-mi cana!
Give me the mug.

3   To accompany names of places, towns or people:

Bucureştiul interbelic era foarte pitoresc.
Bucharest between the two world wars was very picturesque.

Crişul curge în vestul ţării.
The river Criş runs through the west of the country.

Preşedintele Băsescu a vizitat Spania.
President Băsescu visited Spain.

4   To accompany adjectives that are either placed before the nouns (inversion) or behave like nouns:

Frumosul prinţ a căzut de pe cal.
The beautiful prince has fallen off his horse.

Frumoşii şi deştepţii sunt rari în ziua de azi.
The handsome and the clever are rare nowdays.

5   To accompany other parts of speech that behave like nouns – prepositions, pronouns, numerals, adverbs:

Dânsul este vecinul nostru. (_dânsul_ is a polite form of the pronoun el)
He is our neighbour.

Împrejurul casei este o pajişte verde.
Around the house there is a green meadow.

Primul este Dragoş, al doilea este Călin.
Dragoş is the first one, Călin is the second one.

Seara citesc un roman bun.
In the evening I read a good novel.

6   With names of countries, continents, rivers:

România este ţara mea.
Romania is my country.

America este departe.
America is far.

7   With titles:

Domnul Borza locuieşte la Paris.
Mr. Borza lives in Paris.

Domnişoara Irina lucrează la Cluj.
Miss Irina works in Cluj.

8   With days of the week, as adverbs when referring to habitual or
    repeated actions.

Lunea merg la dans, marţea merg la piaţă.
On Mondays I go to dance and on Tuesdays I go to the market.

9   When making a statement that expresses a generality:

Îmi plac mult cactuşii.
I love cacti.

Femeile merg des la cosmetică.
Women often go to the beauty salon.

10 With the preposition **cu**, even if the noun is not qualified, when the
    noun denotes a means of transport or an instrument (compare with
    3.2.5).

Mănânc supa *cu* lingura.
I eat soup with a spoon.

Carmen merge la universitate *cu* metroul.
Carmen goes to university by underground.

3.2.5 | *Omission of article*

1   With nouns expressing an indefinite number:

La piaţă sunt cumpărători şi vânzători.
There are buyers and sellers at the market.

2   When the noun is preceded by a preposition but is not qualified. (Exception is the preposition cu. See (3) below.)

Taxiul te aşteaptă *lângă* casă.
The taxi is waiting for you near the house.

Pe masă este o carte.
There is a book on the table.

3   When the noun is preceded by the preposition cu but it denotes matter:

Îmi place să mănânc pâine *cu* unt.
I like eating bread and butter.

4   When the noun is preceded by an indefinite or an interrogative adjective, numeral or certain demonstrative pronouns:

Orice om vrea să fie iubit.
Everybody wants to be loved.

Cât timp stai la mare?
How long are you staying at the seaside?

Ema are *trei* copii.
Emma has three children.

Acest oraş este capitala ţării.
This town is the capital of the country.

5   When we refer to matter:

Aveţi pâine ?
Do you have bread?

6   When the noun indicates the profession, rank or nationality of a person:

William este prinţ.
William is a prince.

Mama este profesoară de matematică.
Mother is a maths teacher.

Eu sunt româncă.
I am a Romanian.

Demonstrative or adjectival article

This article is used before adjectives. It is derived from the forms of the
demonstrative adjective **acela** 'that', hence the name.

	Singular		Plural	
	M./N.	*F.*	*M.*	*F./N.*
N/A	**cel**	**cea**	**cei**	**cele**
G/D	**celui**	**celei**	**celor**	**celor**

| **3.3.1** | **Uses of the demonstrative article** |

1 Used as an article for an adjective acting as a noun:

Cea dulce e pe masă, cea sărată e în frigider.
The sweet one is on the table, the salty one is in the fridge.

2 Links an adjective to a noun emphasizing it:

Mircea cel Bătrân a fost un domnitor faimos.
Mircea the Old was a famous ruler.

3 Forms the superlative for adjectives and adverbs:

Cel mai bun elev e Mihai.
The best pupil is Mihai.

El scrie cel mai corect.
He writes the most correctly.

4 Used to replace nouns and numerals, especially when referring to
previously mentioned nouns:

Cele două (cărţi) sunt foarte scumpe.
The two (books) are very expensive.

Cei din dulap (pantofii) sunt ai tăi.
The ones in the wardrobe (the shoes) are yours.

5 Before relative clauses:

Cea care a intrat e Raluca.
The one who came in is Raluca.

6 Used in conjunction with the interrogative pronoun **care**:

Care cameră e pentru oaspeţi? Cea din spate.
Which room is for guests? The one at the back.

7   To replace names such as:

Cel de Sus = Dumnezeu (God)
cel cu coarne = dracul (devil)

3.4   Possessive article

The possessive article is used to form possessive pronouns and ordinal numbers as well as to accompany nouns acting as possessors.

	Singular		*Plural*	
M./N.	*F.*		*M.*	*F./N.*
al	**a**		**ai**	**ale**

3.4.1   *Uses of the possessive article:*

1   It forms the genitive form of the pronouns **cine** and **care**.

A cui e geanta asta?
Whose is this bag?

Fata, al cărei frate a sunat, nu este aici.
The girl, whose brother called, is not here.

2   It forms possessive pronouns (see section 5.3):

Geanta este a mea.
The bag is mine.

3   It forms ordinal numerals (see section 6.2):

Al treilea e fiul meu.
The third one is my son.

4   It is used when the possessed object does not directly precede the possessor:

Biroul este al colegei mele, Simona.
This is my colleague Simona's office.

5   After nouns accompanied by indefinite adjectives:

Fiecare carte a mea a fost un success.
Each of my books was a success.

Orice poezie a lui este frumoasă.
Any of his poems is beautiful.

6   When the possessive article follows an indefinite noun, de must be inserted between the noun and the possessive article:

Un prieten de-al meu vine la masă.
A friend of mine is coming to dinner.

Chapter 4

Adjectives

4.1　Types of adjective

In Romanian, adjectives can be divided into four types, according to the number of forms they have that correspond to the numbers and genders.

The majority of the adjectives in Romanian have four forms:

M./N. sing.	F. sing.	M. pl.	F./N. pl.	
alb	albă	albi	albe	white
frumos	frumoasă	frumoşi	frumoase	beautiful
urât	urâtă	urâţi	urâte	ugly
deştept	deşteaptă	deştepţi	deştepte	clever
albastru	albastră	albaştri	albastre	blue
bătrân	bătrână	bătrâni	bătrâne	old (people)
perpetuu	perpetuă	perpetui	perpetue	perpetual

The endings for the adjectives with four forms are: masculine singular (generally a consonant, but also -u or -uu); feminine singular -ă, -uă; masculine plural -i; and feminine plural -e, -ue.

A smaller number of adjectives have only three forms. For these adjectives, the masculine plural and feminine plural forms are the same:

M./N. sing.	F. sing.	M. pl.	F./N. pl.	
mic	mică	mici	mici	small
lung	lungă	lungi	lungi	long
nou	nouă	noi	noi	new

For adjectives that end in -iu or in -u in the masculine singular, again the masculine plural and feminine plural forms are the same. Here the feminine singular ends in -ie and not in -ă.

M./N. sing.	F. sing.	M. pl.	F./N. pl.	
argintiu	argintie	argintii	argintii	silver
auriu	aurie	aurii	aurii	golden
roşu	roşie	roşii	roşii	red

For adjectives ending in -or in the masculine singular, the feminine singular and feminine plural forms are the same, both having the ending -oare.

M./N. sing.	F. sing.	M. pl.	F./N. pl.	
muncitor	muncitoare	muncitori	muncitoare	hard-working
silitor	silitoare	silitori	silitoare	diligent

An even smaller number of adjectives have only two forms: one for all the singular forms and one for all the plural forms. Most of them end in -e in the masculine singular:

M./N. sing.	F. sing.	M. pl.	F./N. pl.	
rece	rece	reci	reci	cold
verde	verde	verzi	verzi	green
tare	tare	tari	tari	hard, strong
repede	repede	repezi	repezi	quick
subţire	subţire	subţiri	subţiri	thin
moale	moale	moi	moi	soft
mare	mare	mari	mari	big
dulce	dulce	dulci	dulci	sweet
cuminte	cuminte	cuminţi	cuminţi	well-behaved

Note that the adjective vechi (old) has one form for the masculine singular and masculine and feminine plural, and one form for the feminine singular:

M./N. sing.	F. sing.	M. pl.	F./N. pl.	
vechi	veche	vechi	vechi	old (things)

A very small number of adjectives have just one form for the numbers and genders. Here are some examples:

M./N. sing.	F. sing.	M. pl.	F./N. pl.	
gri	gri	gri	gri	grey
roz	roz	roz	roz	pink
bej	bej	bej	bej	beige
maro	maro	maro	maro	brown
oranj	oranj	oranj	oranj	orange
anume	anume	anume	anume	certain
eficace	eficace	eficace	eficace	effective
ferice	ferice	ferice	ferice	happy
vivace	vivace	vivace	vivace	lively
cumsecade	cumsecade	cumsecade	cumsecade	kind, nice
asemenea	asemenea	asemenea	asemenea	such

4.2 Comparison

Adjectives have two degrees of comparison: the comparative and the superlative. The comparative degree can show superiority, inferiority or equality in relation to a second term of comparison. When it shows superiority, the adjective receives the word **mai** in front of it and **decât** or **ca** after it when the meaning requires it:

frumos	**mai frumos decât**	beautiful	more beautiful than
deştept	**mai deştept ca**	clever	cleverer than
bun	**mai bun decât**	good	better than
rău	**mai rău ca**	bad	worse than

When it shows inferiority, the adjective receives the words **mai puţin** in front of it and **decât** or **ca** after it:

frumos	**mai puţin frumos decât**	beautiful	less beautiful than
urât	**mai puţin urât ca**	ugly	less ugly than

When it shows equality with a second term of comparison, the words **la fel de** or **tot aşa de** or **tot atât de** are added in front of it and **ca** after it:

la fel de frumos ca	as beautiful as
tot aşa de urât ca	as ugly as
tot atât de bun ca	as good as

The second degree is the superlative degree. This can be expressed in two ways: with the help of the word **foarte** or **grozav de, extraordinar de, excepţional de,** etc.

frumos	foarte frumos	very beautiful
urât	extraordinar de urât	exceptionally ugly
bun	grozav de bun	terribly good
rău	teribil de rău	terribly bad

Or it can be expressed with the help of **cel mai/cea mai/cei mai/cele mai,** according to the gender of the nouns the adjectives modifies:

frumos (m./n. sing.)	cel mai frumos	the most beautiful (m. sing.)
urâtă (f. sing.)	cea mai urâtă	the ugliest (f. sing.)
buni (m. pl.)	cei mai buni	the best (m. pl.)
rele (f./n. pl.)	cele mai rele	the worst (f. pl.)

There are adjectives which cannot receive a degree of comparison because of their meaning:

complet	complete	mort	dead
deplin	thorough, absolute	optim	optimum
enorm	enormous	parţial	partial
excelent	excellent	perfect	perfect
exterior	exterior	prim	first
extraordinar	extraordinary	sublim	sublime
final	final	superior	superior
inferior	inferior	total	total
iniţial	initial	ultim	last
interior	interior	viu	alive
maxim	maximum	original	original
minim	minimum	unic	unique

4.3 Agreement

Adjectives will always agree in gender and in number (as well as in case, see 2.4.) with the nouns they qualify.

Adjectives with four forms:

M./N. sing.	F. sing.	M. pl.	F./N. pl.
băiat frumos handsome boy	**fată frumoasă** beautiful girl	**băieţi frumoşi** handsome boys	**fete frumoase** beautiful girls
pictor bun good artist (m.)	**pictoriţă bună** good artist (f.)	**pictori buni** good artists (m.)	**pictoriţe bune** good artists (f.)
domn plăcut pleasant gentleman	**doamnă plăcută** pleasant lady	**domni plăcuţi** pleasant gentlemen	**doamne plăcute** pleasant ladies

Adjectives with three forms:

M./N. sing.	F. sing.	M. pl.	F./N. pl.
băiat mic little boy	**fată mică** little girl	**băieţi mici** little boys	**fete mici** little girls
om drag dear man	**femeie dragă** dear woman	**oameni dragi** dear men	**femei dragi** dear women
pantof argintiu silver shoe	**rochie argintie** silver dress	**pantofi argintii** silver shoes	**rochii argintii** silver dresses
student silitor diligent student (m.)	**studentă silitoare** diligent student (f.)	**studenţi silitori** diligent students (m.)	**studente silitoare** diligent students (f.)

Adjectives with two forms:

M./N. sing.	F. sing.	M. pl.	F./N. pl.
copac mare big tree	**plantă mare** big plant	**copaci mari** big trees	**plante mari** big plants
prieten vechi old friend (m.)	**prietenă veche** old friend (f.)	**prieteni vechi** old friends (m.)	**prietene vechi** old friends (f.)

Adjectives with one form:

M./N. sing.	F. sing.	M. pl.	F./N. pl.
bărbat vivace	**femeie vivace**	**bărbaţi vivace**	**femei vivace**
vivacious man	vivacious woman	vivacious men	vivacious women

4.4 Case

Adjectives agree in case with the nouns they qualify.

4.4.1 Definite form adjectives and nouns

	M./N. sing.	F. sing.	M. pl.	F./N. pl.
N	**băiatul**	**fata**	**băieţii**	**fetele**
	deştept	**deşteaptă**	**deştepţi**	**deştepte**
A	**băiatul**	**fata**	**băieţii**	**fetele**
	deştept	**deşteaptă**	**deştepţi**	**deştepte**
G	**băiatului**	**fetei**	**băieţilor**	**fetelor**
	deştept	**deştepte**	**deştepţi**	**deştepte**
D	**băiatului**	**fetei**	**băieţilor**	**fetelor**
	deştept	**deştepte**	**deştepţi**	**deştepte**
V	**băiatule**	**fată**	**băieţilor**	**fetelor**
	deştept!	**deşteaptă!**	**deştepţi!**	**deştepte!**

4.4.2 Adjectives and nouns in the indefinite form

	M./N. sing.	F. sing.	M. pl.	F./N. pl.
N	**un băiat**	**o fată**	**nişte băieţi**	**nişte fete**
	deştept	**deşteaptă**	**deştepţi**	**deştepte**
A	**un băiat**	**o fată**	**nişte băieţi**	**nişte fete**
	deştept	**deşteaptă**	**deştepţi**	**deştepte**
G	**unui băiat**	**unei fete**	**unor băieţi**	**unor fete**
	deştept	**deştepte**	**deştepţi**	**deştepte**
D	**unui băiat**	**unei fete**	**unor băieţi**	**unor fete**
	deştept	**deştepte**	**deştepţi**	**deştepte**
V	—	—	—	—

Note: Feminine nouns take a plural form in the genitive and dative singular.

If there are several nouns of different genders in one sentence which are qualified by one adjective, the adjective takes a masculine form:

o fată și un băiat frumoși   a beautiful boy and girl

If there are several nouns in different numbers in one sentence which are modified by one adjective, the adjective takes a plural form:

mâncarea și băuturile oferite   the food and the drinks offered

4.5 Position

Adjectives in Romanian normally follow the noun:

soț iubitor	**soție iubitoare**	**soți iubitori**	**soții iubitoare**
loving husband	loving wife	loving husbands	loving wives
fiu inteligent	**fiică inteligentă**	**fii inteligenți**	**fiice inteligente**
smart son	smart daughter	smart sons	smart daughters

There are a number of nouns and adjectives which form fixed phrases in which the adjective precedes the noun:

micul ecran   the small screen

mica publicitate   small ads

fostul șef   former boss

Adjectives can precede the noun if special emphasis is placed on the adjective. In this case, the adjective will take over the definite article and any other changes that the nouns would normally undergo.

Adjectives + nouns in the indefinite form:

	M./N. sing.	F. sing.	M. pl.	F./N. pl.
N	un frumos băiat	o frumoasă fată	niște frumoși copii	niște frumoase fete
A	un frumos băiat	o frumoasă fată	niște frumoși băieți	niște frumoase fete
G	unui frumos băiat	unei frumoase fete	unor frumoși băieți	unor frumoase fete
D	unui frumos băiat	unei frumoase fete	unor frumoși băieți	unor frumoase fete
V	—	—	—	—

Adjectives + nouns in the definite form:

	M./N sing.	F. sing.	M. pl.	F./N pl.
N	frumosul băiat	frumoasa fată	frumoşii băieţi	frumoasele fete
A	frumosul băiat	frumoasa fată	frumoşii băieţi	frumoasele fete
G	frumosului băiat	frumoasei fete	frumoşilor băieţi	frumoaselor fete
D	frumosului băiat	frumoasei fete	frumoşilor băieţi	frumoaselor fete
V	frumosule băiat!	frumoasă fată!	frumoşilor băieţi!	frumoaselor fete!

Adjectives can be used in the vocative without a noun:

Frumoaso!	Beautiful!
Prostule!	Stupid!
Dragule!	Dear!
Scumpo!	Sweetie!

Adjectives can also qualify pronouns:

ceva frumos	something beautiful
cineva frumos	someone beautiful
alt prost	another stupid one
cealaltă deşteaptă	the other clever one
acel deştept	that clever one

Adjectives can also precede pronouns:

frumosul celălalt	the other beautiful one
deşteapta aceea	that clever one

4.6 Other types of adjective

All the adjectives presented here can also be pronouns. They will be explained extensively in Chapter 5.

4.6.1 Possessive adjectives

These are always used in conjunction with a noun. See the examples below. They have a form for each gender, which refers to the 'possessed' object or person. They agree in gender and number with the 'possessed' object.

Person	M./N. sing.	F. sing.	M. pl.	F./N. pl.	
Eu	meu	mea	mei	mele	my
Tu	tău	ta	tăi	tale	your
El	său	sa	săi	sale	his
Ea	său	sa	săi	sale	her
Noi	nostru	noastră	noştri	noastre	our
Voi	vostru	voastră	voştri	voastre	your
Ei	lor	lor	lor	lor	their
Ele	lor	lor	lor	lor	their

cartea mea (f. sing)	**cărţile mele** (f. pl.)	my book(s)
creionul meu (n. sing.)	**creioanele mele** (n. pl.)	my pencil(s)
prietenul meu (m. sing.)	**prietenii mei** (m. pl.)	my friend(s)
maşina ta (f. sing.)	**maşinile tale** (f. pl.)	your car (s)
musafirul tău (m. sing.)	**musafirii tăi** (m. pl.)	your guest(s)
pixul tău (n. sing.)	**pixurile tale** (n. pl.)	your biro(s)
camera sa (f. sing.)	**camerele sale** (f. pl.)	your room(s)
televizorul său (n. sing.)	**televizoarele sale** (n. pl.)	his/her TV(s)
câinele său (m. sing.)	**câinii săi** (m. pl.)	his/her dog(s)

All the forms for the third person feminine (său, sa, săi, sale) can be replaced by the form ei. This form is preferred in colloquial speech. The other four forms are used more when the possessor is the same person as the subject of the statement.

păpuşa sa (f. sing.) = **păpuşa ei**	**păpuşile sale** (f. pl.) = **păpuşile ei**
fratele său (m. sing.) = **fratele ei**	**fraţii săi** (m. pl.) = **fraţii ei**
oraşul său (n. sing.) = **oraşul ei**	**oraşele sale** (n. pl.) = **oraşele ei**

All the forms for the third person masculine (său, sa, săi, sale), can be replaced with lui.

sora sa (f. sing.) = **sora lui**

surorile sale (f. pl.) = **surorile
lui**

socrul său (m. sing.) = **socrul
lui**

socrii săi (m. pl.) = **socrii lui**

blocul său (n. sing.) = **blocul
lui**

blocurile sale (n. pl.) = **blocurile
lui**

4.6.2 │ *Demonstrative adjectives*

Demonstrative adjectives agree in gender, number and case with the nouns
they modify. Therefore, they have a form for each gender, number and
case.

4.6.2.1 │ Adjective: 'this'

The Romanian word for 'this' can precede or follow the noun. When it
precedes the noun, 'this' has a shorter form. When it follows the noun,
'this' has the same form as the corresponding pronoun, explained in
Chapter 5.

	M./N. sing.	*F. sing.*	*M. pl.*	*F./N. pl.*
N/A	*acest* copil	*această* fată	*acești* copii	*aceste* fete
	copilul *acesta*	fata *aceasta*	copiii *aceștia*	fetele *acestea*
G/D	*acestui* copil	*acestei* fete	*acestor* copii	*acestor* fete
	copilului	fetei	copiilor	fetelor
	acestuia	*acesteia*	*acestora*	*acestora*

In spoken Romanian there are other alternative forms in use. The colloquial
forms given here always follow the noun.

acesta =	**aceasta** =	**aceștia** =	**acestea** =
ăsta	**asta**	**ăștia**	**ăstea**
copilul ăsta	**fata asta**	**copiii ăștia**	**fetele astea**
this child	this girl	these children	these girls

4.6.2.2 │ Adjective: 'that'

The Romanian for 'that' can precede or follow the noun. When it precedes
the noun, 'that' has a shorter form. When it follows the noun, 'that' has the
same form as the corresponding pronoun, explained in Chapter 5.

	M./N. sing.	F. sing.	M. pl.	F./N. pl.
N/A	acel copil	acea fată	acei copii	acele fete
	copilul acela	fata aceea	copiii aceia	fetele acelea
G/D	acelui copil	acelei fete	acelor copii	acelor fete
	copilului	fetei	copiilor	fetelor
	aceluia	aceleia	acelora	acelora

In spoken Romanian there are other alternative forms in use. The colloquial forms given here always follow the noun:

acela = ăla   **aceea = aia**   **aceia = ăia**   **acelea = alea**

copilul ăla   **fata aia**   **copiii ăia**   **fetele alea**
that child   that girl   those children   those girls

4.6.2.3. Adjective: 'the same'

This adjective can only be placed before the noun, never after the noun. It has the same forms with the corresponding pronoun, explained in Chapter 5.

	M./N. sing.	F. sing.	M. pl.	F./N. pl.
N/A	acelaşi copil	aceeaşi fată	aceiaşi copii	aceleaşi fete
G/D	aceluiaşi copil	aceleiaşi fete	aceloraşi copii	aceloraşi fete

4.6.2.4 Adjective: 'the other'

This adjective can be placed both before and after the noun.

	M./N. sing.	F. sing.	M. pl.	F./N. pl.
N/A	celălalt copil	cealaltă fată	ceilalţi copii	celelalte fete
	copilul celălalt	fata cealaltă	copiii ceilalţi	fetele celelalte
G/D	celuilalt copil	celeilalte fete	celorlalţi copii	celorlalte fete
	copilului	fetei	copiilor	fetelor
	celuilalt	celeilalte	celorlalţi	celorlalte

4.6.3   Relative-interrogative adjectives

These are **ce** = **what**, **care** = which, **cât** = how much

4.6.3.1 | Care

Care precedes the noun when it has an interrogative role. In the nominative/
accusative forms, care is invariable. It only changes its form in the genitive/
dative forms.

	M./N. sing.	F. sing.	M. pl.	F./N. pl.
N/A	*care* băiat	*care* fată	*care* băieţi	*care* fete
G/D	*cărui* băiat	*cărei* fete	*căror* băieţi	*căror* fete

4.6.3.2 | Ce

Ce always precedes the noun. Ce has nominative/accusative forms only and
is invariable.

	M./N. sing.	F. sing.	M. pl.	F./N. pl.
N/A	*ce* băiat	*ce* fată	*ce* băieţi	*ce* fete

4.6.3.3 | Cât

Cât has two meanings. In the singular, cât and câtă are used with nouns
expressing quantity to denote 'how much'. In the plural, câţi and câte are
used with nouns expressing 'a number of'. It means 'how many'. Only the
plural forms take genitive/dative forms.

	M./N. sing.	F. sing.	M. pl.	F./N. pl.
N/A	*cât* zahăr	*câtă* cafea	*câţi* băieţi	*câte* fete
G/D	—	—	*câtor* băieţi	*câtor* fete

4.6.4 | *Negative adjectives*

4.6.4.1 | Niciun/nicio

This adjective has a feminine, singular form but it does not have plural
forms in the nominative and accusative. However, there are plural forms in
the genitive and dative cases.

	M./N. sing.	F. sing.	M. pl.	F./N. pl.
N/A	*niciun* băiat	*nicio* fată	—	—
G/D	*niciunui* băiat	*niciunei* fete	*niciunor* băieţi	*niciunor* fete

4.6.5 | Indefinite adjectives

4.6.5.1 | Adjectives: **un, o**

These adjectives are usually used in opposition with the following two adjectives: alt and celălalt. The adjective has two forms for the singular and two forms for the plural.

	M./N. sing.	F. sing.	M. pl.	F./N. pl.
N/A	*un* băiat	*o* fată	*unii* băieţi	*unele* fete
G/D	*unui* băiat	*unei* fete	*unor* băieţi	*unor* fete

Examples:

Un băiat vrea ceai, *alt băiat* vrea lapte.
One boy wants tea, the other boy milk.

Unii băieţi joacă fotbal, *alţi băieţi* joacă volei.
Some boys play football, other boys volleyball.

Unor băieţi le place şcoala, *altor băieţi* nu le place.
Some boys like school, other boys don't.

O fată face sport, *cealaltă fată* nu face.
One girl does sport, the other girl doesn't.

Unele fete iubesc muzica, *celelalte fete* nu.
Some girls love music, the other girls don't.

Unor fete le dau premii, *celorlalte fete* nu.
I give prizes to some girls, I don't to the other girls.

4.6.5.2 | Adjectives: **alt**

This adjective always precedes the noun.

	M./N. sing.	F. sing.	M. pl.	F./N. pl.
N/A	*alt* băiat	*altă* fată	*alţi* băieţi	*alte* fete
G/D	*altui* băiat	*altei* fete	*altor* băieţi	*altor* fete

4.6.5.3 | Adjective: **tot**

Tot behaves in the same way as cât. In the singular it has a feminine form and is used with nouns denoting quantity. In the plural it is used with nouns that denote 'a number of'.

	M./N. sing.	F. sing.	M. pl.	F./N. pl.
N/A	tot zahărul	toată cafeaua	toți băieții	toate fetele
G/D	—	—	tuturor băieților	tuturor fetelor

Adjectives: **mult, puțin**

Mult and puțin also behave in the same way as cât and tot. In the singular they are used with uncountable nouns; mult means 'much' and puțin means 'little'. In the plural they are used with countable nouns; mulți means 'many' and puțini means 'few'. They do not take genitive/dative forms in the singular, unless they are used as proper adjectives and not as indefinite adjectives. However, they do have genitive/dative forms in the plural. These adjectives can either precede or follow the noun.

	M./N. sing.	F. sing.	M. pl.	F./N. pl.
N/A	zahăr *mult*	cafea *multă*	băieți *mulți*	fete *multe*
	mult zahăr	*multă* cafea	*mulți* băieți	*multe* fete
G/D	—	—	băieților *mulți*	fetelor *multe*
	—	—	*mulților* băieți	*multelor* fete

	M./N. sing.	F. sing.	M. pl.	F./N. pl.
N/A	zahăr *puțin*	cafea *puțină*	băieți *puțini*	fete *puține*
	puțin zahăr	*puțină* cafea	*puțini* băieți	*puține* fete
G/D	—	—	băieților *puțini*	fetelor *puține*
	—	—	*puținilor* băieți	*puținelor* fete

Adjective: **atât**

Atât behaves in the same way as cât, tot and mult. In the singular it is used with nouns designating quantity and it means 'that much'. In the plural it is used with nouns that express 'a number of' and it means that many. The singular forms do not have genitive/dative forms. This adjective only precedes the noun.

	M./N. sing.	F. sing.	M. pl.	F./N. pl.
N/A	atât zahăr	atâta cafea	atâția băieți	atâtea fete
G/D	—	—	atâtor băieți	atâtor fete

Adjective: **vreun**

Vreun has four forms in the nominative/accusative and four forms in the genitive/dative. Vreun always precedes the noun. The meaning is 'some'.

	M./N. sing.	F. sing.	M. pl.	F./N. pl.
N/A	vreun băiat	vreo fată	vreunii băieţi	vreunele fete
G/D	vreunui băiat	vreunei fete	vreunor băieţi	vreunor fete

4.6.5.7 | Adjectives: **oricare, fiecare**

These adjectives are invariable in the nominative/accusative cases but decline according to gender and number in the genitive/dative. They always appear before the noun. Oricare means 'any'; fiecare means 'each'.

	M./N. sing.	F. sing.	M. pl.	F./N. pl.
N/A	oricare băiat	oricare fată	oricare băieţi	oricare fete
	fiecare băiat	fiecare fată	—	—
G/D	oricărui băiat	oricărei fete	oricăror băieţi	oricăror fete
	fiecărui băiat	fiecărei fete	—	—

4.6.5.8 | Adjectives: **orice, ceva**

The adjective **orice** is invariable in the nominative/accusative cases but declines according to gender and number in the genitive/dative by using the same forms with **oricare**. It always appears before the noun. Orice means 'any'. **Ceva** as an adjective means 'some' or 'little' and is used only with nouns expressing quantity. It is invariable and always precedes the noun.

	M./N. sing.	F. sing.	M. pl.	F./N. pl.
N/A	orice băiat	orice fată	orice băieţi	orice fete
	ceva zahăr	ceva cafea	—	—
G/D	oricărui băiat	oricărei fete	oricăror băieţi	oricăror fete
	—	—	—	—

4.6.5.9 | Adjectives: **oricât, câtva**

These adjectives have four forms. They follow the same regime as cât, tot, mult and atât. In the singular they are used with nouns designating quantity. Oricât means 'no matter how much', câtva means 'some'. In the plural they are used with nouns designating 'a number of'. Oricâţi means 'no matter how many', câţiva means 'some'. They always appear before the noun. Both have genitive/dative forms only in the plural.

	M./N. sing.	F. sing.	M. pl.	F./N. pl.
N/A	oricât zahăr	oricâtă cafea	oricâţi băieţi	oricâte fete
	—	—	oricâtor băieţi	oricâtor fete
G/D	câtva zahăr	câtăva cafea	câţiva băieţi	câteva fete
	—	—	câtorva băieţi	câtorva fete

Chapter 5

Pronouns

5.1   Personal pronouns

5.1.1 │ *Forms of personal pronouns*

Personal pronouns have nominative, accusative, genitive and dative forms. The genitive/dative forms have stressed forms (marked as SF), unstressed forms and shortened forms, the third category being linked by hyphen to a preceding word. The shortened forms are used when the pronoun is linked to an auxiliary (such as in the past tense), to a gerund or to an imperative, or to forms like să or nu in informal Romanian. See the examples after the table.

N	eu	tu	el	ea	noi	voi	ei	ele
	(I)	(you, sing.)	(he)	(she)	(we)	(you, pl.)	(they, m.)	(they, f.)
A	mă	te	îl	o	ne	vă	îi	le
	m-	te-	l-	—	ne-	v-	i-	le-
	—	—	—	-o	—	—	—	—
SF	prep + mine	prep + tine	prep + el	prep. + ea	prep. + noi	prep. + voi	prep. + ei	prep. + ele
G	al meu	al tău	al său/lui	al său/ei	al nostru	al vostru	al lor	al lor
	a mea	a ta	a sa/lui	a sa/ei	a noastră	a voastră	a lor	a lor
	ai mei	ai tăi	ai săi/lui	ai săi/ei	ai noştri	ai voştri	ai lor	ai lor
	ale mele	ale tale	ale sale/lui	ale sale/ei	ale noastre	ale voastre	ale lor	ale lor
D	îmi	îţi	îi	îi	ne	vă	le	le
	mi-	ţi-	i-	i-	ne-	v-	le-	le-
	-mi	-ţi	-i	-i	-ne	-vă	-le	-le
	-mi-	-ţi-	-i-	-i-	-ni-	-vi-	-li-	-li-
SF	mie	ţie	lui	ei	nouă	vouă	lor	lor
V	—	tu!	—	—	—	voi!	—	—

Please note that for the third person singular masculine and feminine in the genitive case there are two alternative forms. The ei and lui forms are used in more informal speech.

Examples of the various cases are given below.

| 5.1.1.1 | Nominative forms

Eu gătesc.　　**Ea găteşte.**
I cook　　　　　She cooks

| 5.1.1.2 | Accusative forms

Tu *mă* suni.　　　　**Tu *o* suni.**
You call me.　　　　　You call her.

Tu *mă* suni *pe mine*.　　**Tu *o* suni *pe ea*.**
You call *me*.　　　　　You call *her*.

Tu *m*-ai sunat.　　　**Tu ai sunat-*o*.**
You called me.　　　　You called her.

| 5.1.1.3 | Genitive forms

Cărţile sunt *ale mele*.　　**Cărţile sunt *ale ei*.**
The books are mine.　　　The books are hers.

　　　　　　　　　　　　　　or

　　　　　　　　　　　　Cărţile sunt *ale sale*.
　　　　　　　　　　　　The books are hers.

| 5.1.1.4 | Dative forms

Îmi dai cărţile.　　　**Îi dai cărţile.**
You give me the books.　　You give her/him the books.

Mi-ai dat cărţile.　　　**I-ai dat cărţile.**
You gave me the books.　　You gave her/him the books.

Dă-mi cărţile!　　　**Dă-i cărţile!**
Give me the books!　　　Give her/him the books!

Dă-mi-le!　　　　　**Dă-i-le!**
Give them to me!　　　Give them to her/him!

Dă-mi mie cărţile!　　**Dă-i ei cărţile!**
Give *me* the books!　　　Give *her* the books!

| 5.1.2 | Stressed Accusative and Dative forms |

The stressed forms of the accusative and dative pronouns are mostly used when emphasis needs to be put on the pronouns. This is optional and is decided by the speaker.

Dă-mi şi *mie* o ciocolată.
Give *me* a chocolate too.

Spune-i *ei* asta, nu *mie*.
Tell *her* this, not *me*.

They are also used in sentences without a verb, especially in answers:

Cui trebuie să-i dau cartea? *Mie*.
Whom do I have to give the book to? *To me*.

Cui îi scrii scisoarea? *Ei*.
Whom are you writing to? *To her*.

The stressed forms can also be used after prepositions. In the case of the stressed dative forms, it is compulsory to use them after the following prepositions: **datorită** (because of), **mulţumită** (thanks to) and **graţie** (thanks to).

Cu cine vrei să mergi în excursie?

Cu mine sau cu el?
(Accusative)

With whom do you want to go on the trip? With me or with him?

Mulţumită *ţie*, am reuşit. (Dative)
Thanks to you, I/we made it.

| 5.1.3 | Unstressed Dative and Accusative forms |

The unstressed dative and accusative forms are used in the same sentence with another dative or accusative pronoun or noun as a double dative or accusative in the following situations:

1 Optionally, when we place emphasis on the dative or accusative pronoun, as explained above:

Lor nu *le*-a trimis nici un cadou.
He did not send *them* any presents.

2 Compulsorily, when the second sentence starts with **care**:

Băiatul *căruia i*-am dat telefon, e vecinul tău.
The boy I telephoned is your neighbour.

Cartea *pe care o* citeşti, e foarte bună.
The book you are reading is very good.

3 If the first sentence starts with a direct object:

Florile roşii, *le*-am primit de la Mihai.
The red flowers, I got them from Mihai.

4 If the dative and accusative refer to people, we also have to use the
direct object and the indirect object by using the unstressed forms of
the dative and accusative pronouns.

O iubesc *pe Carla*. (direct object)	**Îi scriu *Carlei*.** (indirect object)
I love Carla.	I write to Carla.
Îl vizitez *pe Mihai*. (direct object)	**Îi explic ceva *lui Mihai*.** (indirect object)
I visit Mihai.	I explain something to Mihai.
Îi felicit *pe copii*. (direct object)	**Le dau cadouri *copiilor*.** (indirect object)
I congratulate the children.	I give presents to the children.

5.1.4	*Dative and dative reflexive pronouns expressing possession*

The unstressed dative forms of the personal pronouns can have a possessive
meaning and can be used in the place of the possessive adjectives.

The dative reflexive pronouns are almost identical to the dative forms given
in the table, except for the third person singular and plural, where the forms
îi and le will be replaced with îşi.

Unstressed dative pronouns with a possessive meaning: îmi, îţi, îi, ne, vă, le
are used in the following contexts:

1 With interrogative words such as unde, care, când etc.

Unde *îţi* sunt pantofii? = Unde sunt pantofii *tăi*.
Where are your shoes?

Care *ne* sunt locurile? = Care sunt locurile *noastre*?
Which are our seats?

2 They can replace direct objects in the accusative and the
accompanying possessive adjectives.

Când *îţi* vizitează părinţii? = Când *îi* vizitează *pe părinţii tăi*.
When does he/she visit your parents?

Noi *îi* lăudăm prietenii. = Noi îi lăudăm *pe prietenii ei*.
We praise her friends.

3   With prepositions that require a genitive. These forms are obsolete or poetic.

În juru-*i* este numai pădure. = **În jurul *lui* este numai pădure.**
Around it there is only forest.

Dative reflexive pronouns îmi, îți, își, ne, vă, își are used in the following contexts:

1   They are compulsory to express a situation in which the doer carries out an action on an object in his/her possession. The dative reflexive pronouns are placed next to the verb, not next to the noun, as the possessive adjectives are.

Îmi spăl maşina. = **maşina mea**
I wash my car.

Ne rezolvăm problemele.
We solve our problems.

Îşi laudă prietenii. = **prietenii lui**
He praises his friends.

Vă reparaţi televizorul.
They repair their TV.

Îţi cumperi o maşină nouă.
You buy a new car.

2   They are optional when they replace direct object pronouns used together with the possessive adjective when they refer to people.

Ema îşi sună soţul. = **Ema *îl* sună pe soţul *său*.**
Emma is calling her husband.

Îmi iubesc bunica. = **O iubesc pe bunica *mea*.**
I love my grandma.

3   Several verbs are used together with dative reflexive pronouns: a-şi imagina (to imagine), a-şi închipui (to imagine), a-şi aminti (to remember), etc. See Section 5.9 for reflexive pronouns.
4   Direct and indirect object pronouns together:

o	îl	le	îi
mi-o	mi-l	mi le	mi-i
ţi-o	ţi-l	ţi le	ţi-i
i-o	i-l	i le	i-i
ne-o	ni-l	ni le	ni-i
v-o	vi-l	vi le	vi-i
le-o	li-l	li le	li-i

Examples:

Mi-o trimit anual.
They send it to me annually.

I-l spală chiar acum.
He/she washes it for him/her now.

Vi-l dăm mâine.
We will give it to you tomorrow.

Ni-i pregăteşte repede.
He/she prepares them for us quickly.

| 5.1.5 | *Pronouns: dânsul, dânsa, dânşii, dânsele* |

These four pronouns are alternative forms for the personal pronouns el, ea, ei, ele. They tend to be used as personal pronouns in the place of el, ea, ei, ele in the East of Romania, in the Moldova region and as polite pronouns in the rest of Romania when we want to refer to a third party in a respectful way.

	M. sing.	*F. sing.*	*M. pl.*	*F. pl.*
N/A	**dânsul**	**dânsa**	**dânşii**	**dânsele**
G/D	**dânsului**	**dânsei**	**dânşilor**	**dânselor**

| 5.2 | **Polite form pronouns** |

| 5.2.1 | *Dumneavoastră, dumneata, dumnealui* |

Dumneavoastră is used instead of tu and voi when we address people older than us, more senior in rank or complete strangers. Dumneavoastră will always be used with the second person plural form, even if it replaces the form of tu. Dumneavoastră can be abbreviated to dvs or dv in writing.

Dumneavoastră has forms for the third person singular and plural: dumnealui and dumneaei is used with the third person singular form of verbs; dumnealor is used with the third person plural form of verbs. As in the case of the personal pronoun dânsul, the dumnealui forms can also be used to refer to a third party in a respectful way.

	Singular	Plural
N/A	**dumneavoastră** (you)	**dumneavoastră** (you)
	dumnealui (he) **dumneaei** (she)	**dumnealor** (they)
G/D	**dumneavoastră**	**dumneavoastră**
	dumnealui dumneaei	**dumnealor**

Singular

Plural

Dumneavoastră **vreţi un bilet la film?**

Dumneavoastră **vreţi un bilet la film?**

or

or

Dvs **vreţi un bilet la film?**
Do you want a cinema ticket?

Dvs **vreţi un bilet la film?**
Do you want a cinema ticket?

Dumneavoastră **vă trimit un bilet la film.**

Dumneavoastră **vă trimit un bilet la film.**

or

or

Dvs **vă trimit un bilet la film.**
I am sending you a cinema ticket.

Dvs **vă trimit un bilet la film.**
I am sending you a cinema ticket.

Dumnealui **vrea un bilet la film.**
He wants a cinema ticket.

Dumnealor **vor bilete la film.**
They want cinema tickets.

Dumneaei **vrea un bilet la film.**
She wants a cinema ticket.

Dumnealor **vor bilete la film.**
They want cinema tickets.

Dumneata is used instead of **tu** only when addressing people older than us or people we want to show respect to, but this form implies a greater degree of familiarity with the people we address than is the case for **dumneavoastră**, such as grandparents or elderly relatives or elderly neighbours. Dumneata will always be used with the second person singular of the verb. Dumitale is the genitive/dative form of **dumneata**. Dumneata can be abbreviated to **d-ta** in writing, while **dumitale** can be abbreviated to **d-tale**, e.g.

Dumneata **vrei un bilet la film?**
Do you want a cinema ticket?

Dumitale **îţi trimit un bilet la film.**
I am sending you a cinema ticket.

D-ta **vrei un bilet la film?**
Do you want a cinema ticket?

5.3 Possessive pronouns

The possessive pronouns are formed with the help of the possessive adjectives preceded by the possessive articles al, a, ai, ale.

	M./N. sing.	F. sing.	M. pl.	F./N. pl.
Eu	al meu	a mea	ai mei	ale mele
Tu	al tău	a ta	ai tăi	ale tale
El	al său or al lui	a sa or a lui	ai săi or ai lui	ale sale or ale lui
Ea	al său or al ei	a sa or a ei	ai săi or ai ei	ale sale or ale ei
Noi	al nostru	a noastră	ai noştri	ale noastre
Voi	al vostru	a voastră	ai voştri	ale voastre
Ei/Ele	al lor	a lor	ai lor	ale lor

Acest roman este *al meu*.
This novel is mine.

Florile sunt *ale ei/ale sale*.
The flowers are hers.

Meritul este *al tău*.
The merit is yours.

Casele sunt *ale lui/ale sale*.
The houses are his.

5.4 Demonstrative pronouns

Demonstrative pronouns are similar to the demonstrative adjectives in form, but they replace the noun.

5.4.1 Pronoun: 'this'

	M./N. sing.	F. sing.	M. pl.	F./N. pl.
N/A	acesta	aceasta	aceştia	acestea
G/D	acestuia	acesteia	acestora	acestora

5.4.2 Pronoun: 'that'

	M./N. sing.	F. sing.	M. pl.	F./N. pl.
N/A	acela	aceea	aceia	acelea
G/D	aceluia	aceleia	acelora	acelora

5.4.3 | Pronoun: 'the same one'

	M./N. sing.	F. sing.	M. pl.	F./N. pl.
N/A	acelaşi	aceeaşi	aceiaşi	aceleaşi
G/D	aceluiaşi	aceleiaşi	aceloraşi	aceloraşi

5.4.4 | Pronoun: 'the other one'

	M./N. sing.	F. sing.	M. pl.	F./N. pl.
N/A	celălalt	cealaltă	ceilalţi	celelalte
G/D	celuilalt	celeilalte	celorlaţi	celorlalte

5.5 Negative pronouns

They are **nimeni, nimic, niciunul.** The verb of the negative sentence has to be accompanied by **nu,** despite the use of the negative pronouns.

5.5.1 | Nimeni

Nimeni refers to people only. It has only one form for all the genders and the numbers. It agrees with the verb in the singular.

N/A	nimeni
G/D	nimănui

Nimeni nu vrea să citească tare.
Nobody wants to read out loud.

Nimănui nu-i place zgomotul.
Nobody likes noise.

5.5.2 | Nimic

Nimic refers to inanimate objects only. It is completely invariable.

Nimic **nu contează acum.**	**Nu vreau** *nimic.*
Nothing matters now.	I don't want anything.

5.5.3 | Niciunul

Niciunul has feminine, neuter and masculine forms and genitive and dative forms.

	M./N. sing.	F. sing.	M. pl.	F./N. pl.
N/A	niciunul	niciuna	niciunii	niciunele
G/D	niciunuia	niciuneia	niciunora	niciunora

Masculine   *Feminine*

Niciunul nu e atent.   **Niciuna nu e atentă.**
Not one of them pays attention. Not one of them pays attention.

5.6 | Indefinite pronouns

They are similar to the indefinite adjectives. (See 4.6.5 for comparison.)

5.6.1 | Unul

This pronoun has feminine, neuter and masculine forms and genitive and dative forms.

	M./N. sing.	F. sing.	M. pl.	F./N. pl.
N/A	unul	una	unii	unele
G/D	unuia	uneia	unora	unora

Masculine   *Feminine*

Unul vrea să meargă, altul nu vrea
One wants to go, another one doesn't.

Una mănâncă brânză, cealaltă nu.
One eats cheese, the other one doesn't.

Unuia îi place laptele, celuilalt nu.
One likes milk, the other doesn't.

Uneia îi scriu lunar, celeilalte săptămânal.
I write monthly to one and weekly to the other.

5.6.2 | Altul

This pronoun is often used in connection with **unul**. It has feminine, neuter and masculine forms as well as genitive and dative forms.

	M./N. sing.	F. sing.	M. pl.	F./N. pl.
N/A	altul	alta	alţii	altele
G/D	altuia	alteia	altora	altora

Masculine

Feminine

Unul merge, *altul* vine.
One goes, another one comes.

Una merge, *alta* vine.
One goes, another one comes.

Unuia îi place vinul, *altuia* nu.
One likes wine, another doesn't.

Uneia îi place vinul, *alteia* nu.
One likes wine, another doesn't.

5.6.3 | Tot, toţi

Tot has a feminine form, **toată**. **Tot** and **toată** are used with nouns in the singular; **toţi, toate** with nouns in the plural.

	M./N. sing.	F. sing.	M. pl.	F./N. pl.
N/A	tot	toată	toţi	toate
G/D	—	—	tuturor	tuturor

Masculine

Feminine

Ştim *tot* pentru examen.

We know everything for the exam.

**Nu mai e cafea, s-a consumat
toată.**
There is no more coffee, all has been consumed.

Toţi au ajuns la timp.
Everyone has arrived on time.

Toate au ajuns la timp.
Everyone has arrived on time.

Le-am dat cadouri *tuturor*.
I gave presents to all/everybody.

Le-am dat cadouri *tuturor*.
I gave presents to all/everybody.

5.6.4 | Mult, mulţi

Mult and mulţi follow the same pattern as tot and toţi. Mult is used with nouns in the singular and mulţi with nouns in the plural.

	M./N. sing.	F. sing.	M. pl.	F./N. pl.
N/A	mult	multă	mulţi	multe
G/D	—	—	multora	multora

Masculine

Consumi *mult* zahăr? Da, *mult*.
Do you take much sugar?
Yes, I do.

Mulţi au vizitat Bucureştiul.
Many have visited Bucharest.

Multora le-a plăcut excursia.
Many liked the trip.

Feminine

Bei *multă* cafea? Da, *multă*.
Do you drink much coffee?
Yes, I do.

Multe au vizitat Bucureştiul.
Many have visited Bucharest.

Multora le-a plăcut excursia.
Many liked the trip.

5.6.5 | Atât, atâţia

Atâta and atâţia behave in a similar way to tot and mult. Atât has genitive/dative forms only in the plural.

	M./N. sing.	F. sing.	M. pl.	F./N. pl.
N/A	atât	atâta	atâţia	atâtea
G/D	—	—	atâtora	atâtora

Atât vreau.
I want that much.

Atâta imi doresc.
That's all I want.

Atâţia vin la mare în fiecare vară.
So many come to the seaside every summer.

Atâtea vin la mare în fiecare vară.
So many come to the seaside every summer.

Atâtora le place marea.
So many like the sea.

5.6.6 | Vreunul

Vreunul has four forms as well as genitive/dative forms.

	M./N. sing.	F. sing.	M. pl.	F./N. pl
N/A	vreunul	vreuna	vreunii	vreunele
G/D	vreunuia	vreuneia	vreunora	vreunora

Masculine

Vreunul trebuie să știe adresa.
Someone must know the
address.

Îi știi pe *vreunii* de aici?
Do you know anyone from here?

**Pixul acesta este al *vreunuia*
dintre voi?**
Does this pen belong to any of
you?

Feminine

Vreuna trebuie să știe adresa.
Someone must know the
address.

Le știi pe *vreunele* de aici?
Do you know anyone from here?

5.6.7 | Oricine, oricare, orice, cineva, careva, ceva, altcineva, altcareva, altceva, fiecare

Oricine (anyone), cineva (someone) and altcineva (someone else) are
pronouns and are derived from the pronoun cine.

N/A	oricine	cineva	altcineva
G/D	oricui	cuiva	altcuiva

Oricare (anyone), careva (someone) and fiecare (each) can be both pronouns
and adjectives. They are derived from the pronoun care. See section 5.7.2.

N/A	oricare	careva	altcareva	fiecare
G/D.m.	oricăruia	căruiva	altcăruiva	fiecăruia
G/D f.	oricăreia	căreiva	altcăreiva	fiecăreia

Oricare vrea, poate să vină la petrecere.
Anyone who wants can come to the party.

Poți să-i dai asta *oricăruia*.
You can give this to anyone.

Careva trebuie să știe soluția.
Someone must know the answer.

Altcareva poate știe răspunsul.
Someone else might know the answer.

71

Fiecare a fost întrebat.
Each one has been asked.

I-am spus orarul *fiecăruia*.
I told each of them the timetable.

Orice can be both a pronoun and an adjective. Orice, altceva and ceva
are derived from the pronoun ce. All these are invariable and do not have
genitive/dative forms.

Poţi să faci *orice*.
You can do anything.

Vrei *altceva*?
Do you want something?

Ceva îmi spune că nu e bine.
Something tells me that it is not good.

5.6.8 │ Câtva, oricât

Câtva and oricât are variable and are derived from the pronoun cât.
In the singular they are used with uncountables and in the plural with
countables.

	M./N. sing.	F. sing.	M. pl.	F./N. pl
N/A	câtva	câtăva	câţiva	câteva
	oricât	oricâtă	oricâţi	oricâte
G/D	—	—	câtorva	câtorva
	—	—	oricâtora	oricâtora

Cât timp vei sta în ţară? *Câtva*.
How long will you be staying? For some time.

Câţi bani să-ţi împrumut? *Câţiva*.
How much money should I lend you? Some.

Dacă vrei cafea, ia *oricâtă*.
If you want coffee, take as much as you like.

Poţi sta *oricât*.
You can stay as long as you wish.

Oricâtora le-am spus adevărul, nu m-au crezut.
No matter how many people I told the truth to, they did not believe
me.

Le voi scrie *câtorva*.
I will write to some of them.

They are cine, care, ce and cât.

5.7.1 Cine

Cine is a pronoun only and it is invariable. The dative form is cui. Cui together with the possessive articles (al, ai, a, ale) form the genitive forms of cine.

N	cine
A	pe cine
G	al cui, a cui, ai cui, ale cui
D	cui

Cine vine deseară?
Who comes tonight?

Cui îi scrii?
To whom are you writing?

Pe cine cauţi?
Who are you looking for?

Ale cui sunt cărţile acestea?
Whose are these books?

5.7.2 Care

Care is both a pronoun and an adjective. Care is invariable in the nominative/accusative forms and variable in the genitive/dative forms. As a relative pronoun, care links clauses. When the subject of the first clause becomes the direct object in the second clause, the form pe care is required.

	M./N. sing.	F. sing.	M. pl.	F./N. pl
N/A	care	care	care	care
G/D	căruia	căreia	cărora	cărora

Care vine deseară?
Which one comes tonight?

Căruia i-ai trimis cecul?
Which one did you send the cheque to?

Prietenul căruia i-am scris vederea, e aici.
My friend, to whom I wrote the postcard, is here.

Ţi-am adus cartea pe care mi-ai împrumutat-o.
I brought back the book you lent me.

Ce is invariable and does not have genitive/dative forms.

Ce vrei?
What do you want?

Cu ce bei cafeaua?
What are you drinking your coffee with?

| 5.7.4 | Cât |

Cât is both a pronoun and an adjective. In the singular it is used with uncountables and in the plural with countables, just like **mult**, **atât** and tot.

	M./N. sing.	F. sing.	M. pl.	F./N. pl
N/A	cât	câtă	câţi	câte
G/D	—	—	câtora	câtora

Masculine   *Feminine*

Cât vrei?
How much do you want?

Câte vin la petrecere?
How many are coming to the party?

Câţi au răspuns corect?
How many have answered correctly?

Câtora le trimiţi invitaţii ?
How many do you send invitations to?

5.8   Emphatic pronouns

These pronouns accompany personal pronouns and are used in this way purely to emphasize them. The first table shows the masculine forms. The second table shows the feminine forms.

Masculine forms

N	eu însumi	tu însuţi	el însuşi	noi înşine	voi înşivă	ei înşişi
A	pe mine	pe tine	pe el	pe noi	pe voi	pe ei
	însumi	însuţi	însuşi	înşine	înşivă	înşişi
G	însumi	însuţi	însuşi	înşine	înşivă	înşişi
D	mie	ţie	lui	nouă	vouă	lor
	însumi	însuţi	însuşi	înşine	înşivă	înşişi

Feminine forms

N	eu	tu	ea	noi	voi	ele
	însămi	însăţi	însăşi	însene	însevă	înseşi or ele însele
A	pe mine	pe tine	pe ea	pe noi	pe voi	pe ele
	însămi	însăţi	însăşi	însene	însevă	înseşi or pe ele însele
G	însămi	însăţi	însăşi	însene	însevă	înseşi/ însele
D	mie	ţie înseţi	ei înseşi	nouă	vouă	lor
	însemi			însene	însevă	înseşi or lor însele

Masculine	*Feminine*
I-au spus asta chiar lui *însuşi*.	**I-au spus asta chiar ei *înseşi*.**
They said that to him (himself).	They said that to her (herself).
Aţi auzit chiar voi *înşivă*?	**Aţi auzit chiar voi *însevă*?**
Did you hear this yourselves?	Did you hear this yourselves?

5. 9 Reflexive pronouns

Romanian has two sets of reflexive pronouns, a set similar to the direct object pronouns (also called reflexive accusative pronouns), and a set similar to the indirect object pronouns (also called reflexive dative pronouns). This can make things a bit confusing. In order to establish if we are dealing with a reflexive pronoun, we have to check that the person of the verb is the same as the person of the pronoun. If the two persons do not coincide, it means that we are dealing with an accusative pronoun (direct object) or a dative pronoun (indirect object). In the table below, you are given both the accusative and dative reflexive pronouns, both with their stressed, unstressed and hyphenated forms. The hyphenated forms are used when we link the reflexive pronouns to an auxiliary to form the past tense (compulsory), or to **nu** (negation) or to **să** (subjunctive forms), which are optional and informal. The stressed forms are used to emphasize the reflexive pronouns. This is at the discretion of the speaker.

Personal pronouns	eu	tu	el	ea	noi	voi	ei	ele
Accusative reflexives (unstressed and hyphenated forms)	mă -m-	te -te-	se -s-	se -s-	ne -ne-	vă -v-	se -s-	se -s-
(stressed forms)	pe mine	pe tine	pe sine	pe sine	pe noi	pe voi	pe ei	pe ele
Dative reflexives (unstressed and hyphenated forms)	îmi -mi-	îţi -ţi-	îşi -şi-	îşi -şi-	ne -ne-	vă -v-	îşi -şi-	îşi -şi
Dative (stressed forms)	mie	ţie	sieşi	sieşi	nouă	vouă	lor	lor

Accusative reflexive pronouns are used together with reflexive verbs. Examples of reflexive verbs with accusative reflexive pronouns: a se spăla (to wash onself), a se bărbieri (to shave), a se scula (to get up), a se trezi (to wake up), a se îmbrăca (to get dressed), a se dezbrăca (to get undressed), a se încălţa (to put one's shoes on), a se descălţa (to take one's shoes off), a se pieptăna (to comb one's hair), a se culca (to go to bed), a se întoarce (to come back), a se grăbi (to hurry), a se duce (to go), a se uita (to watch), a se distra (to have fun), a se bucura (to be glad), a se întrista (to become sad), a se întâlni (to meet), a se plimba (to take a walk), a se aşeza (to sit down), a se pregăti (to get ready), a se gândi (to think).

Mă spăl pe faţă.
I wash my face.

M-am spălat pe faţă.
I washed my face.

Dimineaţa vă treziţi singuri?
In the morning do you wake up by yourselves?

Dimineaţa v-aţi trezit singuri?
In the morning did you wake up by yourselves?

Mă spăl pe mine nu pe tine.
I wash myself, not you.

Te culci la ora 10.
You go to bed at 10 o'clock.

Te-ai culcat la ora 10.
You went to bed at 10 o'clock.

Ne plimbăm în parc.
We walk in the park.

Ne-am plimbat în parc.
We walked in the park.

El totdeauna se laudă pe sine şi niciodată pe alţii.
He always praises himself and never other people.

Examples of reflexive verbs used with dative reflexive pronouns: **a-şi imagina** (to imagine), **a-şi închipui** (to imagine), **a-şi aminti** (to remember), **a-şi cumpăra** (to buy onself), **a-şi dori** (to wish for oneself), **a-şi lua rămas bun** (to take one's leave), **a-şi da seama** (to realize). See 5.1.4 for more on dative reflexives.

Îmi amintesc de copilăria noastră.
I remember our childhood.

Mi-am amintit de copilăria noastră.
I remembered our childhood.

Îmi doresc o casă nouă.
I wish for a new house.

Mi-am dorit o casă nouă.
I wished for a new house.

Îşi aminteşte sieşi cu voce tare ce trebuie să facă azi.
He reminds himself out loud what he needs to do today.

Vă imaginaţi o lume nouă.
You imagine a new world.

V-aţi imaginat o lume nouă.
You imagined a new world.

Îţi cumperi o maşină nouă.
You buy yourself a new car.

Ţi-ai cumpărat o maşină nouă.
You bought yourself a new car.

Chapter 6

Numerals

Cardinal numerals

6.1.1 | *Numbers*

Numbers can be simple or compound. The simple numerals are numbers from 0 to 10 as well as all the multiples of 100:

1 **unu**	6 **şase**	100 **o sută**
2 **doi**	7 **şapte**	1.000 **o mie**
3 **trei**	8 **opt**	1.000.000 **un milion**
4 **patru**	9 **nouă**	1.000.000.000 **un miliard**
5 **cinci**	10 **zece**	

The compound numerals are all the other numbers:

Examples:

19 **nouăsprezece**	209 **două sute nouă**
20 **douăzeci**	4.890 **patru mii opt sute nouăzeci**
45 **patruzeci şi cinci**	52.367 **cincizeci şi două de mii trei sute şaizeci şi şapte**

All the numbers above 19 (including the compound ones where the last part of the number is above 19) will be followed by the preposition de before the noun following:

40 **de mere** (40 apples)	576 **de lei** (576 Romanian lei)
3.879 **de oameni** (3,879 people)	4.800.035 **de cărţi** (4,800,035 books)

but

18 **mere** (18 apples)   516 **lei** (516 Romanian lei)

3.805 **oameni** (3,805 people)   4.800.019 **cărţi** (4,800,019 books)

The numerals **unu** (1) and **doi** (2) have a feminine and a masculine/neuter form, according to the nouns with which they are used. **Unu** is **un** for masculine and neuter objects in the singular and **o** for feminine objects in the singular:

un copil   **o fată**   **un creion**
(a child, m. sing.)   (a girl, f. sing.)   (a pencil, n. sing.)

Doi will have the forms **două** for feminine and neuter plural nouns and **doi** for masculine plural nouns, including for the numeral 12 (doisprezece/douăsprezece):

două creioane (two pencils, n. pl.)   **două fete** (two girls, f. pl.)

doi copii   **douăsprezece creioane**
(two children, m. pl.)   (twelve pencils, n. pl.)

doisprezece băieţi   **douăsprezece fete**
(twelve boys, m. pl.)   (twelve girls, f. pl.)

The cardinal numeral agrees in gender and in case with the accompanying noun. Therefore, the numeral has genitive and dative forms. The genitive form is preceded by the particle a, the dative form by the particle la:

	Genitive forms	Dative forms
M.	**casele a opt vecini** the houses of eight neighbours	**Am sunat la opt vecini.** I telephoned eight neighbours.
F.	**casele a şase colege** the houses of six female colleagues	**Am sunat la şase colege.** I telephoned six female colleagues.
N.	**parcurile a două sute de oraşe** the parks of 200 towns	**la două sute de oraşe** to 200 towns

The numerals **sută** (hundred), **mie** (thousand), **milion** (million) and **miliard** (billion) follow the same rule as above, except when they take the definite article. Then they will form the genitive/dative forms like any other noun:

Genitive	Dative
Indefinite forms:	
conducătorul a o mie de luptători	**conducătorul se adresează la o mie de luptători**
the leader of a thousand fighters	the leader addresses a thousand fighters
Definite forms:	
conducătorul miei de lupători	**conducătorul se adresează miei de luptători**
the leader of the thousand fighters	the leader addresses the thousand fighters

6.1.2 | Collective numerals

Collective numerals are used to express the idea of two or more objects or people together. **Amândoi** is followed by a noun with a definite article, while **ambii** is followed by a noun without an article.

amândoi	**amândouă**
both of them (m.)	both of them (f.)
ambii	**ambele**
both of them (m.)	both of them (f.)
toţi trei	**toate trei**
all three (m.)	all three (f.)

Examples:

Amândoi băieţii merg la şcoală.	**Ambii băieţi merg la şcoală.**
Both boys go to schol.	Both boys go to school.

They also have genitive/dative forms:

	Genitive	Dative
M.	**amândurora**	**amândurora**
F.	**amândurora**	**amândurora**
M.	**ambilor**	**ambilor**
F.	**ambelor**	**ambelor**
M.	**la toţi trei**	**la toţi trei**
F.	**la toate trei**	**la toate trei**

6.1.3 | Multiplying and repetitive numerals

There is just one form for all the genders. The most commonly used is formed by the preposition de followed by the numeral, followed by the word ori.

de două ori (twice)   **de zece ori** (ten times)

de douăsprezece ori (twelve times)

The other form is formed by the prefix în- followed by the numeral and by the ending -(i)t

întreit (tripled)   **însutit** (one hundred times more)

6.1.4 | Fractional numerals

¼ **o pătrime** (a quarter)   ¹⁄₁₀₀ **o sutime** (a hundreth)

⅕ **o cincime** (a fifth)   ¹⁄₁₀ **o zecime** (a tenth)

¾ **trei pătrimi** (three-quarters)   ⅔ **două treimi** (two-thirds)

6.1.5 | Distributive numerals

They express the distribution of objects or people:

Câte patru (four at a time)   **doi câte doi** (two by two)

6.2   Ordinal numerals

Ordinal numerals express order. They have a feminine and a masculine form.

	Masculine	Feminine
1st	**primul**	**prima**
2nd	**al doilea**	**a doua**
3rd	**al treilea**	**a treia**
4th	**al patrulea**	**a patra**
5th	**al cincilea**	**a cincea**
6th	**al şaselea**	**a şasea**

7th	al şaptelea	a şaptea
8th	al optulea	a opta
9th	al nouălea	a noua
10th	al zecelea	a zecea
11th	al unsprezecelea	a unsprezecea
100th	al o sutălea	a o suta
1000th	al o mielea	a o mia
815th	al optsutecincisprezecelea	a optsutecincisprezecea
2309th	al două mii trei sute nouălea	a două mii trei sute noua

The numeral 'first' has two genders and two forms: when it follows the noun it will be **întâi** for both masculine and feminine nouns. When it precedes the noun it will be **primul** (m.) **prima** (f.) and means 'the first' (compare with adjective **prim** meaning 'first').

Phrases where ordinal numerals are used:

clasa întâi (first class or first grade in school)

clasa a doua (second class or second grade in school)

de prima clasă (top class)

pe primul loc (in first place)

vocea întâi (first voice in an orchestra)

în linia întâi (front line)

la a doua mână (second hand)

în primul rând (firstly)

în al doilea rând (secondly)

Chapter 7

Verbs

7.1 Moods and tenses

7.1.1 *Moods*

Romanian verbs have five finite moods, which change their form according to the person of the speaker, and four non-finite moods, which do not change their form. The finite moods are: indicative, subjunctive, presumptive, conditional and imperative. The non-finite moods are: infinitive, gerund or present participle, past participle and supine. All the moods will be dealt with later in this chapter.

7.1.2 *Tenses*

The Romanian verb has three main tenses in the indicative, i.e. the present tense, the past tense (compound past, simple past tense, past continuous tense and past perfect) and the future tense (with three forms and a future in the past tense). In the subjunctive, the presumptive and the conditional it has a present and a past tense. The imperative has only a present tense. In the non-finite moods only the participle has a present tense and a past tense. The other non-finite moods have only one form.

7.2 Indicative

7.2.1 *The present tense*

7.2.1.1 Types of verb

According to the new Romanian Grammar published by the Romanian Academy in 2006, Romanian has 11 conjugations. Traditionally, it used to have only four. (See the table below.)

Present indicative tense of the 11 conjugations

	(1) -a (Ø)	(2) -a (ez)	(3) -î (Ø)	(4) -i (Ø)	(5) -i (Ø)	(6) -i (esc)
	a pleca (to go)	a vira (to turn)	a coborî (to go down)	a diferi (to differ)	a fugi (to run)	a iubi (to love)
eu	plec	virez	cobor	difer	fug	iubesc
tu	pleci	virezi	cobori	diferi	fugi	iubești
el/ea	pleacă	virează	coboară	diferă	fuge	iubește
noi	plecăm	virăm	coborâm	diferim	fugim	iubim
voi	plecați	virați	coborâți	diferiți	fugiți	iubiți
ei/ele	pleacă	virează	coboară	diferă	fug	iubesc

	(7) -î (ăsc)	(8) -ea (Ø)	(9) -e (Ø)	(10) -e (Ø)	(11) -e (Ø)
	a urî (to hate)	a plăcea (to like)	a face (to do, make)	a merge (to go)	a frige (to fry)
eu	urăsc	plac	fac	merg	frig
tu	urăști	placi	faci	mergi	frigi
el/ea	urăște	place	face	merge	frige
noi	urâm	placem	facem	mergem	frigem
voi	urâți	placeți	faceți	mergeți	frigeți
ei/ele	urăsc	plac	fac	merg	frig

| 7.2.1.2 | Conjugation 1

As illustrated in the table, verbs belonging to conjugation 1 end in -a in the infinitive. They are called zero suffix (Ø) verbs, i.e. there is no suffix attached to the root. (Compare with suffixes -esc, -ăsc and -ez.) This is common to several other conjugations as well. There are endings for each person, which are highlighted in italic bold in the table.

Many verbs in Romanian belong to this conjugation: **a căra** (to carry), **a spăla** (to wash), **a aduna** (to add), **a asculta**(to listen), **a termina** (to finish), **a cânta** (to sing), **a întreba** (to ask), **a discuta** (to discuss), **a accepta** (to accept), **a ierta** (to forgive), **a supăra** (to upset), **a se muta** (to move), etc.

a asculta (to listen)	*a aduna* (to add)
ascult	adun
asculți	aduni
ascultă	adună
ascultăm	adunăm

ascultaţi	adunaţi
ascultă	adună

Here are some verbs that have some irregularities in the conjugation, i.e. the first two forms are identical and sometimes the third person ends in -e rather than -ă:

a întârzia	*a încuia*	*a continua*
(to be late)	(to lock)	(to continue)
întârzii	încui	continui
întârzii	încui	continui
întârzie	încuie	continuă
întârziem	încuiem	continuăm
întârziaţi	încuiaţi	continuaţi
întârzie	încuie	continuă

Below we have listed more verbs that follow one of the three examples above:

- *a întârzia*: a apropia (to bring closer), a împrăştia (to scatter), a înfuria (to anger), a învia (to resurect), a mânia (to anger), a peria (to brush), a speria (to scare), a zgâria (to scratch).
- *a încuia*: a descuia (to lock), a descheia (to unbutton), a încheia (to complete, button up), a înmuia (to soften), a mângâia (to caress), a tăia (to cut).

Note: Verbs that have the root ending in -bl-, -fl-, -pl-, -rl-, -cr-, -tr- will take the letter -u in the first person singular, as shown here:

Infinitive	*First person sing.*
a umbla	umblu
a sufla	suflu
a contempla	contemplu
a urla	urlu
a consacra	consacru
a intra	intru

7.2.1.3 | Conjugation 2

Verbs belonging to conjugation 2 end in -a in the infinitive just like conjugation 1 verbs, but they also receive the verbal suffix -ez. All persons retain the suffix -ez as well as the endings for each person, except for the first and second person plural.

Here are some of the most common -ez verbs: a cerceta (to search), a cina (to dine), a cita (to quote), a dansa (to dance), a deranja (to disturb), a dezarma (to disarm), a dicta (to dictate), a dura (to last), a examina (to examine), a exagera (to exaggerate), a exersa (to exercise), a forma (to form), a fuma (to smoke), a îmbrăţişa (to hug), a înainta (to go forward), a înapoia (to return), a întrista (to upset), a lumina (to lighten), a micşora (to reduce), a nota (to take notes), a ofta (to sigh), a păstra (to keep), a păta (to spot), a reglementa (to regulate), a reproşa (to reproach), a salva (to save), a săra (to add salt), a scurta (to shorten), a semna (to sign), a telefona (to telephone), a trata (to treat), a traversa (to cross), a trişa (to cheat), a ura (to wish), a urma (to follow), a visa (to dream).

a cerceta	*a cina*
(to search)	(to dine)
cercetez	cinez
cercetezi	cinezi
cercetează	cinează
cercetăm	cinăm
cercetaţi	cinaţi
cercetează	cinează

Here are three verbs which have several irregularities in their conjugation dictated by orthographic rules for Romanian:

a fotografia	*a supraveghea*	*a parca*
(to take photos)	(to supervise)	(to park)
fotografiez	supraveghez	parchez
fotografiezi	supraveghezi	parchezi
fotografiază	supraveghează	parchează
fotografiem	supraveghem	parcăm
fotografiaţi	supravegheaţi	parcaţi
fotografiază	supraveghează	parchează

Below we have listed more verbs that follow the examples above:

- *a fotografia*: a abrevia (to abbreviate), a aprecia (to appreciate), a beneficia (to benefit), a copia (to copy), a expedia (to send), a iniţia (to initiate), a închiria (to let), a negocia (to negotiate), a studia (to study), a sublinia (to underline).

- *a supraveghea*: a desperechea (to separate, i.e. a pair), a împerechea (to pair up), a îngenunchea (to kneel), a veghea (to guard, to keep vigil).

- *a parca*: a dialoga (to debate), a bloca (to block), a diagnostica (to diagnose), a marca (to mark), a masca (to mask), a şoca (to shock), a droga (to drug), a interoga (to interrogate), a investiga (to investigate), a monologa (to give a monologue).

7.2.1.4 Conjugation 3

The verbs belonging to conjugation 3 end in -î in the infinitive and have the Ø suffix when conjugated.

There are very few verbs belonging to this conjugation. Here are some more examples: a vârî (to thrust), a pogorî (to descend), a doborî (to knock down), a omorî (to kill).

a vârî	*a pogorî*
(to thrust)	(to descend)
vâr	pogor
vâri	pogori
vâră	pogoară
vârâm	pogorâm
vârâţi	pogorâţi
vâră	pogoară

7.2.1.5 Conjugation 4

Verbs belonging to conjugation 4 end in -i in the infinitive and are Ø suffix verbs. In conjugation 4, the third person singular and plural take the same form. (Compare this to conjugation 5, where the first person singular and the third person plural take the same form.)

More examples of such verbs: a acoperi (to cover), a descoperi (to discover), a referi (to refer), a suferi (to suffer), a oferi (to offer).

a acoperi	*a suferi*
(to cover)	(to suffer)
acopăr	sufăr
acoperi	suferi
acoperă	suferă
acoperim	suferim
acoperiţi	suferiţi
acoperă	suferă

Remember that all the conjugation 4 verbs ending in -ăi, -îi and -ui in the infinitive will have the same form for the first person singular (eu) and the second person singular (tu).

a pipăi	*a mârâi*	*a hurui*
(to touch)	(to snarl)	(to rattle)
pipăi	**mârâi**	**hurui**
pipăi	**mârâi**	**hurui**
pipăie	**mârâie**	**huruie**
pipăim	**mârâim**	**huruim**
pipăiți	**mârâiți**	**huruiți**
pipăie	**mârâie**	**huruie**

More examples of verbs that follow these patterns:

- *a pipăi*: a molfăi (to chew), a mormăi (to grumble), a năzări (to loom up), a plescăi (to smack), a pufăi (to puff), a ronțăi (to crunch), a șovăi (to hesitate).
- *a mârâi*: a se bâlbâi (to stutter), a pâlpâi (to flicker), a pârâi (to crackle), a râgâi (to belch), a scârțâi (to squeak), a țârâi (to ring).
- *a hurui*: a contribui(to contribute), a mântui (to save from), a se nărui (to collapse), a reconstitui (to reconstruct), a sui (to climb), a zgudui (to shake).

7.2.1.6 | Conjugation 5

Verbs belonging to conjugation 5 end in -i in the infinitive and are Ø suffix verbs. In conjugation 5, the first person singular and the third person plural take the same form. (Compare this to conjugation 4, where the third person singular and plural take the same form.)

Here are some more verbs belonging to this conjugation: a ascuți (to sharpen), a auzi (to hear), a deveni (to become), a dormi (to sleep), a fugi (to run), a ieși (to exit), a împărți (to share), a înghiți (to swallow), a minți (to tell a lie), a mirosi (to smell), a muri (to die), a presimți (to have a premonition), a preveni (to prevent), a răsări (to rise), a repezi (to rush s.o.), a reveni (to return), a sări (to jump), a simți (to feel), a ști (to know), a veni (to come).

a ascuți	*a auzi*
(to sharpen)	(to hear)
ascut	**aud**
ascuți	**auzi**
ascute	**aude**
ascuțim	**auzim**
ascuțiți	**auziți**
ascut	**aud**

| 7.2.1.7 | Conjugation 6 |

Verbs belonging to conjugation 6 end in -i in the infinitive and take the verbal suffix -esc.

More examples of verbs belonging to this conjugation: a înăbuşi (to steam), a îngrămădi (to cram), a tuşi (to cough), a învălui (to veil), a citi (to read), a fugări (to chase), a isprăvi (to complete), a mări (to enlarge), a nimeri (to guess).

a înăbuşi	*a îngrămădi*
(to steam)	(to cram)
înăbuşesc	îngrămădesc
înăbuşeşti	îngrămădeşti
înăbuşeşte	îngrămădeşte
înăbuşim	îngrămădim
înăbuşiţi	îngrămădiţi
înăbuşesc	îngrămădesc

| 7.2.1.8 | Conjugation 7 |

Verbs belonging to conjugation 7 end in -î in the infinitive and take the verbal suffix -ăsc. There are very few verbs in this conjugation.

More examples of verbs from this conjugation: a pârî (to tell on someone), a hotărî (to decide), a zăvorî (to lock).

a pârî	*a hotărî*
(to tell on)	(to decide)
pârăsc	hotărăsc
pârăşti	hotărăşti
pârăşte	hotărăşte
pârâm	hotărâm
pârâţi	hotărâţi
pârăsc	hotărăsc

| 7.2.1.9 | Conjugation 8 |

Verbs belonging to conjugation 8 end in -ea in the infinitive and are Ø suffix verbs. Here are some examples of verbs from this conjugation: a vedea (to see), a părea (to seem), a apărea (to appear), a zăcea (to lie down), a tăcea (to keep quiet).

a vedea	*a părea*
(to see)	(to seem)

văd	par
vezi	pari
vede	pare
vedem	părem
vedeţi	păreţi
văd	par

7.2.1.10 Conjugation 9

Verbs belonging to conjugation 9 end in -e in the infinitive and differ from verbs in conjugations 10 and 11 because of the way they form the past participle. Verbs in this conjugation have past participles that end in -ut. See section 7.8 on past participles.

More verbs belonging to this conjugation are: **a începe** (to start), **a concepe** (to conceive), **a aşterne** (to lay), **a trece** (to pass), **a vinde** (to sell), **a străbate** (to ramble), **a aparţine** (to belong), **a ţine** (to keep).

a începe	*a aşterne*
(to start)	(to lay)

încep	aştern
începi	aşterni
începe	aşterne
începem	aşternem
începeţi	aşterneţi
încep	aştern

7.2.1.11 Conjugation 10

Verbs belonging to conjugation 10 end in -e in the infinitive and differ from verbs in conjugations 9 and 11 because of the way they form their past participles. Verbs in this conjugation have past participles that end in -s. See section 7.2.2 on past participles.

Other verbs belonging to this conjugation: **a arde** (to burn), **a prinde** (to catch), **a şterge** (to wipe), **a trage** (to pull), **a răspunde** (to answer), **a plânge** (to cry), **a râde** (to laugh), **a scrie** (to write), **a zice** (to say), **a deschide** (to open), **a închide** (to close).

a arde	*a răspunde*
(to burn)	(to answer)
ard	răspund
arzi	răspunzi
arde	răspunde
ardem	răspundem
ardeţi	răspundeţi
ard	răspund

7.2.1.12 Conjugation 11

Verbs belonging to conjugation 11 end in -e in the infinitive and differ from verbs in conjugations 9 and 10 because of the way they form the past participle. Verbs in this conjugation have past participles that end in -t. See section 7.2.2 on past participles.

Other verbs belonging to this conjugation: a **coace** (to bake), a **fierbe** (to boil), a **frânge** (to break), a **înfige** (to stick), a **rupe** (to tear), a **sparge** (to break), a **suge** (to suck).

a coace	*a fierbe*
(to bake)	(to boil)
coc	fierb
coci	fierbi
coace	fierbe
coacem	fierbem
coaceţi	fierbeţi
coc	fierb

7.2.1.13 The negative present tense

The negative form in the present is formed by placing the word **nu** in front of the verb: **nu mănânc** (I don't eat), **nu bei** (you don't drink), **nu visează** (he doesn't dream), **nu iubim** (we don't love), **nu urâţi** (you don't hate), **nu pleacă** (they don't go).

7.2.1.14 Irregular verbs

There are a number of irregular verbs which are listed below.

Irregular verbs

a fi (to be)	**a avea** (to have)	**a vrea** (to want)	**a da** (to give)	**a sta** (to stay)
sunt	am	vreau	dau	stau
eşti	ai	vrei	dai	stai
este	are	vrea	dă	stă
suntem	avem	vrem	dăm	stăm
sunteţi	aveţi	vreţi	daţi	staţi
sunt	au	vor	dau	stau

a lua (to take)	**a bea** (to drink)	**a mânca** (to eat)	**a şti** (to know)
iau	beau	mănânc	ştiu
iei	bei	mănânci	ştii
ia	bea	mănâncă	ştie
luăm	bem	mâncăm	ştim
luaţi	beţi	mâncaţi	ştiţi
iau	beau	mănâncă	ştiu

Note: Some verbs ending in -ne or -ni in the infinitive lose the consonant n in the second person singular, e.g.

a ţine (to keep)	**a veni** (to come)
ţin	vin
ţii	*vii*
ţine	vine
ţinem	venim
ţineţi	veniţi
ţin	vin

There are other verbs that follow these two examples:

- *a ţine*: a reţine (to retain), a întreţine (to maintain), a susţine (to support), a pune (to put), a supune (to comply), a expune (to exhibit), a suprapune (to overlap).
- *a veni*: a preveni (to prevent), a surveni (to happen), a interveni (to intervene), a deveni (to become).

7.2.1.15 Vowel and consonant shifts

When we conjugate a verb, sometimes small changes occur in the root of the verb, which we call vowel and consonant shifts. They are listed below, together with a few examples.

Vowel shifts

a/ă	caut/căutăm; bag/băgăm/băgaţi	ă/e	cumpăr/cumperi
ă/e/a	învăţ/înveţi/învaţă	ă/e/a	spăl/speli/spală
e/a	şed/şadă	i/e	vin/venim
e/ea	leg/leagă, plec/pleacă	î/i	vând/vinzi
o/oa/u	scol/scoală/sculăm		

Consonant shifts

t/ţ	ajut/ajuţi	s/ş	las/laşi
d/z	vând/vinzi	st/şt	gust/guşti
sc/şt	cresc/creşti	g/gi/ge	ajung/ajungi/ajunge
c/ci/ce	tac/taci/tace		

7.2.2 The past tense

In Romanian there are four different past tenses: the compound past, the imperfect, the simple past and the pluperfect.

7.2.2.1 The compound past

The compound past is constructed with the aid of the auxiliary verb a avea (to have) in a shortened form: am, ai, a, am, aţi, au followed by the past participle.

(1) a pleca (to leave)	(2) a vira (to turn)	(3) a coborî (to go down)	(4) a diferi (to differ)	(5) a fugi (to run)	(6) a iubi (to love)
am plecat	am virat	am coborât	am diferit	am fugit	am iubit
ai plecat	ai virat	ai coborât	ai diferit	ai fugit	ai iubit
a plecat	a virat	a coborât	a diferit	a fugit	a iubit
am plecat	am virat	am coborât	am diferit	am fugit	am iubit
aţi plecat	aţi virat	aţi coborât	aţi diferit	aţi fugit	aţi iubit
au plecat	au virat	au coborât	au diferit	au fugit	au iubit

(7) *a urî* (to hate)	(8) *a plăcea* (to like)	(9) *a face* (to do, make)	(10) *a merge* (to go)	(11) *a frige* (to fry)
am urât	am plăcut	am făcut	am mers	am fript
ai urât	ai plăcut	ai făcut	ai mers	ai fript
a urât	a plăcut	a făcut	a mers	a fript
am urât	am plăcut	am făcut	am mers	am fript
aţi urât	aţi plăcut	aţi făcut	aţi mers	aţi fript
au urât	au plăcut	au făcut	au mers	au fript

There are six types of past participle, distinguished according to their ending:

 -at

For verbs belonging to conjugations 1 and 2 (i.e. that end in -a in the infinitive) the past participle ends in -at, which is added to the root of the infinitive: a mânca – *mâncat*, a pleca – *plecat*, a intra – *intrat*, a lucra – *lucrat*, a persevera – *perseverat* etc.

 -ut

For verbs belonging to conjugations 8 and 9 the past participle ends in -ut, which is added to the root of the infinitive: a tăcea – *tăcut*, a cădea – *căzut*, a bea – *băut*, a vedea – *văzut*, a plăcea – *plăcut*, a face – *făcut*, a trece – *trecut*, a ţine – *ţinut*.

 -s

For verbs belonging to conjugation 10, the past participle ends in -s: a plânge – *plâns*, a merge – *mers*, a duce – *dus*, a râde – *râs*.

 -t

For verbs belonging to conjugation 11, the past participle ends in -t: a rupe – *rupt*, a coace – *copt*, a frige – *fript*.

 -it

For verbs belonging to conjugations 4, 5 and 6, the past participle ends in -it: a acoperi – *acoperit*, a referi – *referit*, a adormi – *adormit*, a fugi – *fugit*, a citi – *citit*, a mări – *mărit*.

For verbs belonging to conjugations 3 and 7, the past participle ends in -ât:
a coborî – *coborât*, a omorî – *omorât*, a hotărî – *hotărât*, a pârî – *pârât*.
(Please note the transformation of -î into -â as the place of the letter in the
word changes.)

The compound past expresses an action that happened in the past and
which is now over. In English it mostly corresponds to the simple past.
However, the compound past can be translated by a present perfect tense
or a present perfect continuous in English, because Romanian does not
formally have these two tenses, e.g.

Tudor tocmai a plecat în vizită la un prieten.
Tudor has just left to visit a friend.

Maşina a virat periculos pe autostradă.
The car swerved dangerously on the motorway.

Maria s-a întors acasă de la plajă.
Maria returned home from the beach.

Experienţa mea din Anglia a diferit mult de experienţa ta.
My experience in England differed a lot from yours.

Când a început ploaia, am coborât de pe munte.
When the rain started, we came down the mountain.

**Am iubit-o foarte mult pe profesoara de limba română din
şcoala generală.**
I really loved the Romanian language teacher I had at secondary school.

Totdeauna am urât oamenii nesinceri.
I have always hated insincere people.

Mi-a plăcut mult concertul de la Atheneu.
I really enjoyed the concert at the Atheneum concert hall.

Ai făcut multe prăjituri de azi-dimineaţă?
Have you been making lots of cakes since morning?

El a mers în Belgia să lucreze.
He went to Belgium to work.

Bunica a fript mulţi cartofi.
Grandma has fried lots of potatoes.

7.2.2.1.1 **The negative compound past**

The negative form in the compound past is formed by placing the word **nu** in front of the auxiliary. There are two spelling variants: **nu am mâncat/ n-am mâncat** (we didn't eat), **nu ai înţeles/n-ai înţeles** (you didn't understand), **nu au vorbit/n-au vorbit** (they didn't speak).

The hyphenated form is more informal and tends not to be used in formal contexts.

7.2.2.2 | Imperfect

For the verbs ending both in -a (conjugations 1 and 2) and -î (conjugations 3 and 7), we form the imperfect by adding a set of endings to the root of the infinitive – am, -ai, -a, -am, -aţi, -au.

a spăla (to wash)	*a lucra* (to work)	*a coborî* (to go down)	*a urî* (to hate)
spălam	lucram	coboram	uram
spălai	lucrai	coborai	urai
spăla	lucra	cobora	ura
spălam	lucram	coboram	uram
spălaţi	lucraţi	coboraţi	uraţi
spălau	lucrau	coborau	urau

For verbs ending in -ea (conjugation 8), -e (conjugations 9, 10 and 11) or -i (conjugations 4, 5 and 6), a separate set of endings apply: -eam, -eai, -ea, -eam, -eaţi, -eau.

a apărea (to appear)	*a face* (to do, make)	*a merge* (to go)	*a frige* (to fry)	*a acoperi* (to cover)	*a fugi* (to run)	*a iubi* (to love)
apăream	făceam	mergeam	frigeam	acopeream	fugeam	iubeam
apăreai	făceai	mergeai	frigeai	acopereai	fugeai	iubeai
apărea	făcea	mergea	frigea	acoperea	fugea	iubea
apăream	făceam	mergeam	frigeam	acopeream	fugeam	iubeam
apăreaţi	făceaţi	mergeaţi	frigeaţi	acopereaţi	fugeaţi	iubeaţi
apăreau	făceau	mergeau	frigeau	acopereau	fugeau	iubeau

Exception: verbs ending in -ui (a bănui, a sui, a restitui, a sudui, a îngădui) take the endings -iam, -iai, -ia, -iam, -iaţi, -iau.

a locui (to live)
locuiam
locuiai
locuia

locuiam
locuiaţi
locuiau

Irregular verbs are fully conjugated here in the imperfect:

a fi	*a avea*	*a vrea*	*a da*	*a sta*	*a scrie*	*a şti*
(to be)	(to have)	(to want)	(to give)	(to sit, stay)	(to write)	(to know)
eram	aveam	voiam	dădeam	stăteam	scriam	ştiam
erai	aveai	voiai	dădeai	stăteai	scriai	ştiai
era	avea	voia	dădea	stătea	scria	ştia
eram	aveam	voiam	dădeam	stăteam	scriam	ştiam
eraţi	aveaţi	voiaţi	dădeaţi	stăteaţi	scriaţi	ştiaţi
erau	aveau	voiau	dădeau	stăteau	scriau	ştiau

7.2.2.2.1 The negative imperfect

The negative form is expressed by placing the word **nu** in front of the verb:
nu mergeam (I was not going), nu veneai (you were not coming), nu pleca
(he was not leaving).

7.2.2.2.2 Uses of the imperfect

1   The imperfect is a narrative tense used in story-telling. It is translated
either by a continuous past or by a simple past.

**În vis se făcea că mergeam spre casă când deodată m-am
întâlnit cu tine. Tu păreai supărată şi eu te-am întrebat ce s-a
întâmplat.**
In my dream it seemed that I was going towards your house when all of
a sudden I bumped into you. You seemed upset and I asked you what
had happened.

2   The imperfect expresses an action in the past that is regarded as
continuous, repetitive or habitual. It is translated in English by a
continuous past or by 'used to'.

În fiecare dimineaţă la ora 10 luam micul dejun.
I used to have breakfast every morning at 10 o'clock.

Când ai sunat la uşă, făceam duş.
When you rang at the door, I was taking a shower.

Mergeam zilnic la tenis.
I used to play tennis every day.

Pe vremuri vorbeam mult la telefon.
In the old days I used to speak a lot on the phone.

Ce mult îmi doream să fac filme!
How much I wanted to make films!

3 It is also used in *if* clauses and the past conditional.

Te sunam dacă puteam.
I would have called you if I could.

Dacă te iubea, ţi-o spunea.
Had he loved you, he would have told you.

4 The imperfect can also be used as a soft imperative.

Voiam să vă cer nişte bani împrumut.
I wanted to borrow some money from you.

Mă întrebam dacă m-aţi putea ajuta.
I was wondering if you could help me.

5 Finally the imperfect is used in statements starting with 'Did you know …?'

Ştiaţi că Dunărea se varsă în Marea Neagră?
Did you know that the Danube flows into the Black Sea?

Ştiaţi că există multe pârtii de schi în România?
Did you know that there are lots of ski slopes in Romania?

7.2.2.3 | Simple past

The simple past is used to narrate (hence it is also known as past historic) especially with speech verbs such as **a zice** (to say), **a spune** (to tell), **a povesti** (to narrate), **a răspunde** (to answer), **a întreba** (to ask). It is chiefly used in works of literature. In some regions in the south-west of Romania (in Oltenia and to a lesser extent in Banat) it is also used in speech instead of the compound past. In the rest of the country the use of the simple past carries comic and ironic overtones.

The simple past is formed by adding endings to the stem of the past participle:

Person	Ending
eu	**-i**
tu	**- și**
el/ea	**-ă / -e/ -se/ Ø** (no ending)
noi	**-răm**
voi	**-răți**
ei/ele	**-ră**

Conjugations 1 and 2 (past participle in -at)

a mânca (to eat)	*a lucra* (to work)
mâncai	**lucrai**
mâncași	**lucrași**
mâncă	**lucră**
mâncarăm	**lucrarăm**
mâncarăți	**lucrarăți**
mâncară	**lucrară**

Conjugations 3 and 7 (past participle in -ât):

a coborî (to go down)	*a hotărî* (to decide)
coborâi	**hotărâi**
coborâși	**hotărâși**
coborî	**hotărî**
cobrârăm	**hotărârăm**
coborârăți	**hotărârăți**
coborâră	**hotărâră**

Conjugations 4, 5 and 6 (past participle in -it):

a acoperi (to cover)	*a fugi* (to run)	*a iubi* (to love)
acoperii	**fugii**	**iubii**
acoperși	**fugiși**	**iubiși**
acoperi	**fugi**	**iubi**
acoperirăm	**fugirăm**	**iubirăm**
acoperirăți	**fugirăți**	**iubirăți**
acoperiră	**fugiră**	**iubiră**

Conjugations 8 and 9 verbs (past participle -**ut**):

a tăcea	*a ţine*
(to keep quiet)	(to keep)

tăcui	**ţinui**
tăcuşi	**ţinuşi**
tăcu	**ţinu**
tăcurăm	**ţinurăm**
tăcurăţi	**ţinurăţi**
tăcură	**ţinură**

Conjugation 10 (past participle ending in -**s**) takes the following endings:
-**ei**, -**eşi**,-**e**, -**erăm**, -**erăţi**, -**eră**.

a merge
(to go)

mersei
merseşi
merse
merserăm
merserăţi
merseră

Conjugation 11 (past participle in -**t**):

a rupe
(to tear)

rupsei
rupseşi
rupse
rupserăm
rupserăţi
rupseră

7.2.2.3.1 Irregular verbs in the simple past

a fi*		*a avea**		*a vrea*
(to be)		(to have)		(to want)
fui	fusei	avui	avusei	vrui
fuşi	fuseşi	avuşi	avuseşi	vruşi
fu	fuse	avu	avuse	vru
furăm	fuserăm	avurăm	avuserăm	vrurăm
furăţi	fuserăţi	avurăţi	avuserăţi	vrurăţi
fură	fuseră	avură	avuseră	vrură

a bea	*a lua*	*a da*	*a sta*	*a şti*
(to drink)	(to take)	(to give)	(to sit)	(to know)
băui	luai	dădui	stătui	ştiui
băuşi	luaşi	dăduşi	stătuşi	ştiuşi
bău	luă	dădu	stătu	ştiu
băurăm	luarăm	dădurăm	stăturăm	ştiurăm
băurăţi	luarăţi	dădurăţi	stăturăţi	ştiurăţi
băură	luară	dădură	stătură	ştiură

* The verbs a avea and a fi have two coexisting forms.

7.2.2.3.2 The negative simple past

The negative form consists of the word **nu** before the verb in the simple past: **nu făcui** (I didn't do it), **nu merseşi** (you didn't go), etc.

7.2.2.4 Pluperfect

This tense expresses an action which had been completed before another action in the past took place. The English construction is 'had' combined with the past participle of a verb, e.g. 'He had gone.'

Just like the simple past, in Romanian this tense uses a series of endings added to the stem of the past participle:

Person	Ending
eu	**-sem**
tu	**-seşi**
el/ea	**-se**
noi	**-serăm**
voi	**-serăţi**
ei/ele	**-seră**

Conjugations 1 and 2 (past participle in -at):

a mânca   **a lucra**
(to eat)   (to work)

mâncasem   **lucrasem**
mâncaseşi   **lucraseşi**
mâncase   **lucrase**
mâncaserăm   **lucraserăm**
mâncaserăţi   **lucraserăţi**
mâncaseră   **lucraseră**

Conjugations 3 and 7 (past participle in -ât):

a coborî   **a hotărî**
(to go down)   (to decide)

coborâsem   **hotărâsem**
coborâseşi   **hotărâseşi**
coborâse   **hotărâse**
coborâserăm   **hotărâserăm**
coborâserăţi   **hotărâserăţi**
coborâseră   **hotărâseră**

Conjugations 4, 5 and 6 (past participle in -it):

a acoperi   **a fugi**   **a iubi**
(to cover)   (to run)   (to love)

acoperisem   **fugisem**   **iubisem**
acoperiseşi   **fugiseşi**   **iubiseşi**
acoperise   **fugise**   **iubise**
acoperiserăm   **fugiserăm**   **iubiserăm**
acoperiserăţi   **fugiserăţi**   **iubiserăţi**
acoperiseră   **fugiseră**   **iubiseră**

Conjugations 8 and 9 (past participle -ut):

a tăcea   **a ţine**
(to keep quiet)   (to keep)

tăcusem   **ţinusem**
tăcuseşi   **ţinuseşi**
tăcuse   **ţinuse**
tăcuserăm   **ţinuserăm**
tăcuserăţi   **ţinuserăţi**
tăcuseră   **ţinuseră**

Conjugation 10 (past participle ending in -s) takes the following endings: -esem, -eseşi, -ese, -eserăm, -eserăţi, -eseră.

a merge
(to go)

mersesem
merseseşi
mersese
merseserăm
merseserăţi
merseseră

Conjugation 11 (past participle in -t):

a rupe
(to tear)

rupsesem
rupseseşi
rupsese
rupseserăm
rupseserăţi
rupseseră

7.2.2.4.1 Irregular verbs in the pluperfect

a fi	*a avea*	*a vrea*	*a bea*
(to be)	(to have)	(to want)	(to drink)
fusesem	avusesem	vrusesem	băusem
fuseseşi	avuseseşi	vruseseşi	băuseşi
fusese	avusese	vursese	băuse
fuseserăm	avuseserăm	vruseserăm	băuserăm
fuseserăţi	avuseserăţi	vruseserăţi	băuserăţi
fuseseră	avuseseră	vruseseră	băuseră

a lua	*a da*	*a sta*	*a şti*
(to take)	(to give)	(to sit)	(to know)
luasem	dădusem	stătusem	ştiusem
luaseşi	dăduseşi	stătuseşi	ştiuseşi
luase	dăduse	stătuse	ştiuse
luaserăm	dăduserăm	stătuserăm	ştiuserăm
luaserăţi	dăduserăţi	stătuserăţi	ştiuserăţi
luaseră	dăduseră	stătuseră	ştiuseră

7.2.2.4.2 The negative pluperfect

The negative form is constructed by adding nu in front of the verb form: nu făcusem (I had not done it), nu râsese (he had not laughed), e.g.

Înainte să ajungi tu la birou, nu făcusem deja cafeaua.
I had already made the coffee before you arrived at the office.

Până te-am întâlnit pe tine, nu fusesem niciodată aşa de fericit.
Before I met you, I had never been so happy.

7.2.5 | Future tense

The future in Romanian has three forms and two tenses. The three forms are called: type 1, type 2 and type 3. The two tenses are the simple future and the future perfect.

The formal/literary future or type 1 is formed with the following auxiliaries followed by a short infinitive: voi, vei, va, vom, veţi, vor. The formal/literary future is used both in spoken and in written formal Romanian.

Type 1 future tense

(1) *a pleca* (to go)	(2) *a vira* (to turn)	(3) *a coborî* (to go down)	(4) *a diferi* (to differ)	(5) *a fugi* (to run)	(6) *a iubi* (to love)
voi pleca	voi vira	voi coborî	voi diferi	voi fugi	voi iubi
vei pleca	vei vira	vei coborî	vei diferi	vei fugi	vei iubi
va pleca	va vira	va coborî	va diferi	va fugi	va iubi
vom pleca	vom vira	vom coborî	vom diferi	vom fugi	vom iubi
veţi pleca	veţi vira	veţi coborî	veţi diferi	veţi fugi	veţi iubi
vor pleca	vor vira	vor coborî	vor diferi	vor fugi	vor iubi

(7) *a urî* (to hate)	(8) *a plăcea* (to like)	(9) *a face* (to do, make)	(10) *a merge* (to go)	(11) *a frige* (to fry)
voi urî	voi plăcea	voi face	voi merge	voi frige
vei urî	vei plăcea	vei face	vei merge	vei frige
va urî	va plăcea	va face	va merge	va frige
vom urî	vom plăcea	vom face	vom merge	vom frige
veţi urî	veţi plăcea	veţi face	veţi merge	veţi frige
vor urî	vor plăcea	vor face	vor merge	vor frige

The colloquial future or type 2 is used extensively in spoken Romanian and in informal writing, including newspaper articles. It is formed with the subjunctive form of verbs in the present (see section 7.4 for subjunctives) preceded by the letter o.

Type 2 future tense

(1) *a pleca* (to go)	(2) *a vira* (to turn)	(3) *a coborî* (to go down)	(4) *a diferi* (to differ)	(5) *a fugi* (to run)	(6) *a iubi* (to love)
o să plec	o să virez	o să cobor	o să difer	o să fug	o să iubesc
o să pleci	o să virezi	o să cobori	o să diferi	o să fugi	o să iubeşti
o să plece	o să vireze	o să coboare	o să difere	o să fugă	o să iubească
o să plecăm	o să virăm	o să coborâm	o să diferim	o să fugim	o să iubim
o să plecaţi	o să viraţi	o să coborâţi	o să diferiţi	o să fugiţi	o să iubiţi
o să plece	o să vireze	o să coboare	o să difere	o să fugă	o să iubească

(7) *a urî* (to hate)	(8) *a plăcea* (to like)	(9) *a face* (to do, make)	(10) *a merge* (to go)	(11) *a frige* (to fry)
o să urăsc	o să plac	o să fac	o să merg	o să frig
o să urăşti	o să placi	o să faci	o să mergi	o să frigi
o să urască	o să placă	o să facă	o să meargă	o să frigă
o să urâm	o să plăcem	o să facem	o să mergem	o să frigem
o să urâţi	o să plăceţi	o să faceţi	o să mergeţi	o să frigeţi
o să urască	o să placă	o să facă	o să meargă	o să frigă

The popular future or type 3 is formed with the help of the verb 'to have' in the present, which acts as an auxiliary, and the subjunctive form of the verb (see section 7.4 for subjunctives). Again, this type tends to be used more in spoken or informal written Romanian.

Type 3 future tense

(1) *a pleca* (to go)	(2) *a vira* (to turn)	(3) *a coborî* (to go down)	(4) *a diferi* (to differ)	(5) *a fugi* (to run)	(6) *a iubi* (to love)
am să plec	am să virez	am să cobor	am să difer	am să fug	am să iubesc
ai să pleci	ai să virezi	ai să cobori	ai să diferi	ai să fugi	ai să iubeşti
are să plece	are să vireze	are să coboare	are să difere	are să fugă	are să iubească
avem să plecăm	avem să virăm	avem să coborâm	avem să diferim	avem să fugim	avem să iubim
aveţi să plecaţi	aveţi să viraţi	aveţi să coborâţi	aveţi să diferiţi	aveţi să fugiţi	aveţi să iubiţi
au să plece	au să vireze	au să coboare	au să difere	au să fugă	au să iubească

(8)	(9)	(10)	(11)
a plăcea	*a face*	*a merge*	*a frige*
(to like)	(to do, make)	(to go)	(to fry)
am să plac	am să fac	am să merg	am să frig
ai să placi	ai să faci	ai să mergi	ai să frigi
are să placă	are să facă	are să meargă	are să frigă
avem să plăcem	avem să facem	avem să mergem	avem să frigem
aveți să plăceți	aveți să faceți	aveți să mergeți	aveți să frigeți
au să placă	au să facă	au să meargă	au să frigă

Note: Please read section 7.4.1.1 for more information on irregular verbs in the subjunctive.

7.2.5.1 | Future perfect

This tense is equivalent to the English future perfect: **Până vii tu, vom fi terminat masa** (By the time you come, we will have finished the meal). The way we construct it in Romanian is by using the auxiliaries **voi, vei, va, vom, veți, vor** followed by the short infinitive **fi** and by the past participle.

(1)	(2)	(3)	(4)	(5)	(6)
a pleca	*a vira*	*a coborî*	*a diferi*	*a fugi*	*a iubi*
(to go)	(to turn)	(to go down)	(to differ)	(to run)	(to love)
voi fi plecat	voi fi virat	voi fi coborât	voi fi diferit	voi fi fugit	voi fi iubit
vei fi plecat	vei fi virat	vei fi coborât	vei fi diferit	vei fi fugit	vei fi iubit
va fi plecat	va fi virat	va fi coborât	va fi diferit	va fi fugit	va fi iubit
vom fi plecat	vom fi virat	vom fi coborât	vom fi diferit	vom fi fugit	vom fi iubit
veți fi plecat	veți fi virat	veți fi coborât	veți fi diferit	veți fi fugit	veți fi iubit
vor fi plecat	vor fi virat	vor fi coborât	vor fi diferit	vor fi fugit	vor fi iubit

(7)	(8)	(9)	(10)	(11)
a urî	*a plăcea*	*a face*	*a merge*	*a frige*
(to hate)	(to like)	(to do)	(to go)	(to fry)
voi fi urât	voi fi plăcut	voi fi făcut	voi fi mers	voi fi fript
vei fi urât	vei fi plăcut	vei fi făcut	vei fi mers	vei fi fript
va fi urât	va fi plăcut	va fi făcut	va fi mers	va fi fript
vom fi urât	vom fi plăcut	vom fi făcut	vom fi mers	vom fi fript
veți fi urât	veți fi plăcut	veți fi făcut	veți fi mers	veți fi fript
vor fi urât	vor fi plăcut	vor fi făcut	vor fi mers	vor fi fript

7.2.5.2 | The negative future case

The negative form in all the cases of the future is formed by placing **nu** in front of the future verb forms: **nu voi pleca, nu o să plec** (or **n-o să plec** in colloquial speech), **nu am să plec** (or **n-am să plec** in colloquial speech), **nu voi fi plecat**.

7.3 Presumptive

The presumptive expresses uncertainty or a hypothesis. It has two tenses, the present and past. It also has two variants in each tense, a literary one and a colloquial one which is also used with a poetic meaning.

7.3.1 Present presumptive

The present presumptive is formed with the same auxiliary as the literary future tense followed by the short infinitive of the verb **a fi** plus the gerund form of the verb. See section 7.8 for more on the gerund.

The present presumptive: (a) literary forms

(1) *a pleca* (to go)	(2) *a vira* (to turn)	(3) *a coborî* (to go down)	(4) *a diferi* (to differ)	(5) *a fugi* (to run)	(6) *a iubi* (to love)
voi fi plecând	voi fi virând	voi fi coborând	voi fi diferind	voi fi fugind	voi fi iubind
vei fi plecând	vei fi virând	vei fi coborând	vei fi diferind	vei fi fugind	vei fi iubind
va fi plecând	va fi virând	va fi coborând	va fi diferind	va fi fugind	va fi iubind
vom fi plecând	vom fi virând	vom fi coborând	vom fi diferind	vom fi fugind	vom fi iubind
veți fi plecând	veți fi virând	veți fi coborând	veți fi diferind	veți fi fugind	veți fi iubind
vor fi plecând	vor fi virând	vor fi coborând	vor fi diferind	vor fi fugind	vor fi iubind

(7) *a urî* (to hate)	(8) *a plăcea* (to like)	(9) *a face* (to do)	(10) *a merge* (to go)	(11) *a frige* (to fry)
voi fi urând	voi fi plăcând	voi fi făcând	voi fi mergând	voi fi frigând
vei fi urând	vei fi plăcând	vei fi făcând	vei fi mergând	vei fi frigând
va fi urând	va fi plăcând	va fi făcând	va fi mergând	va fi frigând
vom fi urând	vom fi plăcând	vom fi făcând	vom fi mergând	vom fi frigând
veți fi urând	veți fi plăcând	veți fi făcând	veți fi mergând	veți fi frigând
vor fi urând	vor fi plăcând	vor fi făcând	vor fi mergând	vor fi frigând

The present presumptive: (b) colloquial forms

(1)	(2)	(3)	(4)	(5)	(6)
a pleca	*a vira*	*a coborî*	*a diferi*	*a fugi*	*a iubi*
(to go)	(to turn)	(to go down)	(to differ)	(to run)	(to love)
oi fi plecând	oi fi virând	oi fi coborând	oi fi diferind	oi fi fugind	oi fi iubind
ei fi plecând	ei fi virând	ei fi coborând	ei fi diferind	ei fi fugind	ei fi iubind
o fi plecând	o fi virând	o fi coborând	o fi diferind	o fi fugind	o fi iubind
om fi plecând	om fi virând	om fi coborând	om fi diferind	om fi fugind	om fi iubind
eţi fi plecând	eţi fi virând	eţi fi coborând	eţi fi diferind	eţi fi fugind	eţi fi iubind
or fi plecând	or fi virând	or fi coborând	or fi diferind	or fi fugind	or fi iubind

(7)	(8)	(9)	(10)	(11)
a urî	*a plăcea*	*a face*	*a merge*	*a frige*
(to hate)	(to like)	(to do)	(to go)	(to fry)
oi fi urând	oi fi plăcând	oi fi făcând	oi fi mergând	oi fi frigând
ei fi urând	ei fi plăcând	ei fi făcând	ei fi mergând	ei fi frigând
o fi urând	o fi plăcând	o fi făcând	o fi mergând	o fi frigând
om fi urând	om fi plăcând	om fi făcând	om fi mergând	om fi frigând
eţi fi urând	eţi fi plăcând	eţi fi făcând	eţi fi mergând	eţi fi frigând
or fi urând	or fi plăcând	or fi făcând	or fi mergând	or fi frigând

Examples of the present presumptive mood:

Unde voi fi mergând eu la anul în vacanţă?
I wonder where I will go on holiday next year?

Oare cine o fi sunând la uşă?
I wonder who is ringing at the door?

Când s-or fi întorcând din vacanţă?
I wonder when they are coming back from their holiday?

7.3.2	*Past presumptive*

The past presumptive is exactly like the future perfect. See section 7.2.5.1 above.

The past presumptive: (a) literary forms

(1) *a pleca* (to go)	(2) *a vira* (to turn)	(3) *a coborî* (to go down)	(4) *a diferi* (to differ)	(5) *a fugi* (to run)	(6) *a iubi* (to love)
voi fi plecat	voi fi virat	voi fi coborât	voi fi diferit	voi fi fugit	voi fi iubit
vei fi plecat	vei fi virat	vei fi coborât	vei fi diferit	vei fi fugit	vei fi iubit
va fi plecat	va fi virat	va fi coborât	va fi diferit	va fi fugit	va fi iubit
vom fi plecat	vom fi virat	vom fi coborât	vom fi diferit	vom fi fugit	vom fi iubit
veți fi plecat	veți fi virat	veți fi coborât	veți fi diferit	veți fi fugit	veți fi iubit
vor fi plecat	vor fi virat	vor fi coborât	vor fi diferit	vor fi fugit	vor fi iubit

(7) *a urî* (to hate)	(8) *a plăcea* (to like)	(9) *a face* (to do)	(10) *a merge* (to go)	(11) *a frige* (to fry)
voi fi urât	voi fi plăcut	voi fi făcut	voi fi mers	voi fi fript
vei fi urât	vei fi plăcut	vei fi făcut	vei fi mers	vei fi fript
va fi urât	va fi plăcut	va fi făcut	va fi mers	va fi fript
vom fi urât	vom fi plăcut	vom fi făcut	vom fi mers	vom fi fript
veți fi urât	veți fi plăcut	veți fi făcut	veți fi mers	veți fi fript
vor fi urât	vor fi plăcut	vor fi făcut	vor fi mers	vor fi fript

The past presumptive: (b) colloquial forms:

(1) *a pleca* (to go)	(2) *a vira* (to turn)	(3) *a coborî* (to go down)	(4) *a diferi* (to differ)	(5) *a fugi* (to run)	(6) *a iubi* (to love)
oi fi plecat	oi fi virat	oi fi coborât	oi fi diferit	oi fi fugit	oi fi iubit
ei fi plecat	ei fi virat	ei fi coborât	ei fi diferit	ei fi fugit	ei fi iubit
o fi plecat	o fi virat	o fi coborât	o fi diferit	o fi fugit	o fi iubit
om fi plecat	om fi virat	om fi coborât	om fi diferit	om fi fugit	om fi iubit
eți fi plecat	eți fi virat	eți fi coborât	eți fi diferit	eți fi fugit	eți fi iubit
or fi plecat	or fi virat	or fi coborât	or fi diferit	or fi fugit	or fi iubit

(7) *a urî* (to hate)	(8) *a plăcea* (to like)	(9) *a face* (to do)	(10) *a merge* (to go)	(11) *a frige* (to fry)
oi fi urât	oi fi plăcut	oi fi făcut	oi fi mers	oi fi fript
ei fi urât	ei fi plăcut	ei fi făcut	ei fi mers	ei fi fript
o fi urât	o fi plăcut	o fi făcut	o fi mers	o fi fript
om fi urât	om fi plăcut	om fi făcut	om fi mers	om fi fript
eți fi urât	eți fi plăcut	eți fi făcut	eți fi mers	eți fi fript
or fi urât	or fi plăcut	or fi făcut	or fi mers	or fi fript

Examples of the past presumptive mood:

Carmen va fi pregătit masa.
Carmen must have prepared the meal.

Până acum or fi terminat treaba.
They must have finished their work by now.

7.3.3 | *The negative presumptive*

The negative of the presumptive is formed by placing **nu** in front of the whole construction.

7.4 Subjunctive

The subjunctive has a present and a past tense.

7.4.1 | *Present subjunctive*

The distinctive mark is the conjunction **să** which precedes the verb in the subjunctive. The forms of the verb are the same as the indicative present tense forms with the exception of the third person. Unlike in the indicative present tense, the third person singular and plural are always the same in the subjunctive.

In the table below you can compare the indicative present tense with the subjunctive present tense. Pay attention to the third person endings.

The past presumptive: (a) literary forms

(1) *a pleca* (to go)	(2) *a vira* (to turn)	(3) *a coborî* (to go down)	(4) *a diferi* (to differ)	(5) *a fugi* (to run)	(6) *a iubi* (to love)
să plec	să virez	să cobor	să difer	să fug	să iubesc
să pleci	să virezi	să cobori	să diferi	să fugi	să iubești
să plece	să vireze	să coboare	să difere	să fugă	să iubească
să plecăm	să virăm	să coborâm	să diferim	să fugim	să iubim
să plecați	să virați	să coborâți	să diferiți	să fugiți	să iubiți
să plece	să vireze	să coboare	să difere	să fugă	să iubească

(7) *a urî* (to hate)	(8) *a plăcea* (to like)	(9) *a face* (to do)	(10) *a merge* (to go)	(11) *a frige* (to fry)
să urăsc	să plac	să fac	să merg	să frig
să urăşti	să placi	să faci	să mergi	să frigi
să urască	să placă	să facă	să meargă	să frigă
să urâm	să plăcem	să facem	să mergem	să frigem
să urâţi	să plăceţi	să faceţi	să mergeţi	să frigeţi
să urască	să placă	să facă	să meargă	să frigă

As a general rule, if the third person singular ends in -e in the present indicative, it will change to -ă in the subjunctive. Equally, if the third person singular ends in -ă in the present indicative, it will change to -e in the subjunctive.

In the case of verbs with the suffix -ez, the third person singular form -ează in the indicative turns into -eze in the subjunctive, whilst verbs ending in the suffix -esc/-ăsc will change the third person singular indicative form -eşte/ăşte into -ească/ască.

For verbs that end in -ie in the third person singular in the indicative present tense, the third person singular and plural remain unchanged in the subjunctive form: el sperie – să se sperie; ea descuie – să descuie; el mângâie – să mângâie; el contribuie – să contribuie; ea scrie – să scrie.

7.4.1.1 | Irregular verbs in the present subjunctive

a fi (to be)	*a avea* (to have)	*a vrea* (to want)	*a şti* (to know)	*a bea* (to drink)
să fiu	să am	să vreau	să ştiu	să beau
să fii	să ai	să vrei	să ştii	să bei
să fie	să aibă	să vrea	să ştie	să bea
să fim	să avem	să vrem	să ştim	să bem
să fiţi	să aveţi	să vreţi	să ştiţi	să beţi
să fie	să aibă	să vrea	să ştie	să bea

a mânca (to eat)	*a lua* (to take)	*a da* (to give)	*a sta* (to sit)
să mănânc	să iau	să dau	să stau
să mănânci	să iei	să dai	să stai
să mănânce	să ia	să dea	să stea
să mâncăm	să luăm	să dăm	să stăm
să mâncaţi	să luaţi	să daţi	să staţi
să mănânce	să ia	să dea	să stea

7.4.1.2 | Uses of the subjunctive

1   The subjunctive (also known as the conjunctive) is used mainly as a
    subordinate verb after a main verb that expresses wish, preference,
    permission, possibility, request, advice, such as the following: **a vrea**
    (to want), **a dori** (to wish), **a şti** (to know), **a prefera** (to prefer), **a
    spune** (to say, tell), **a fi interzis/permis** (to be forbidden/allowed), **a
    trebui** (to be necessary), **a ruga** (to ask a favour), **a lăsa** (to allow), **a
    sfătui** (to advise), **a sugera** (to make a suggestion), **a recomanda** (to
    recommend), **a interzice** (to forbid), **a se teme** (to fear), **a plăcea +
    dative pronouns** (to like) as well as after the verbs **a şti** (to know) and
    a putea (to be able to, can). After **a putea** it is also possible to use a
    short infinitive. See the examples below.
2   The subjunctive can also be used after verbal structures of the type: **e
    bine** (it is good), **e rău** (it is bad), **e de aşteptat** (it is to be expected), **e
    recomandabil** (it is advisable), **e inacceptabil** (it is unacceptable), **e de
    neconceput** (it is inconceivable).
3   It can follow compound conjuctions like **fără să** (without), **ca să** (in
    order to), **înainte să** (before), **pentru ca ... să ..** (in order to) as well as
    after the adverb **numai/doar** (only).
4   The subjunctive is also used in some salutations: **Să creşti mare!** (to
    children after they have stated their age or as a form of **Cu plăcere!**
    With pleasure!), **Să vă trăiască!** (Long may they live! to parents
    about their children), **Să vă fie de bine!** (I hope you enjoyed it! – after
    finishing a meal and in response to **Mulţumesc pentru masă!** Thank
    you for the meal!)

Examples:

Vreau să scriu un roman de dragoste.
I want to write a romance novel.

Ana poate să facă un film despre România.
Ana can make a film about Romania.

E interzis să fumaţi.
Smoking is forbidden.

E bine să nu întârzii.
It is a good idea not to be late.

E de neconceput să te porţi aşa.
It is inconceivable to behave like this.

A venit aici înainte să plece la aeroport.
He came here before going to the airport.

Să trăiţi!
I wish you a long life!

Pot să vorbesc limbi străine.
I can speak foreign languages.

Pot vorbi limbi străine.
I can speak foreign languages.

5   The subjunctive can also be used by itself when we want to express
    a demand or a request in a softer way than by using the imperative.
    Commands that are formed using the subjunctive may be translated as
    'Be sure to/ be sure not to':

Să nu întârzii!
Don't be late!

Să nu faci asta!
Don't do that!

6   The subjunctive can also be used in questions after interrogatives:

De ce să tac?
Why should I keep quiet?

Cu cine să vorbesc?
To whom can I talk?

Unde să merg?
Where shall I go?

When used independently, it expresses doubt or fear or indecisiveness:

Să mai stau?
Can I stay longer?

Să aştept ?
Should I wait?

| 7.4.1.3 | The negative present subjunctive

The present subjunctive forms its negative form by placing **nu** after the
conjunction să: **Să nu pleci!** (Don't go!)

Subjunctive

7.4.2 | Past subjunctive

This tense is little used in Romanian and is often replaced with other past tenses. It expresses anteriority and the idea of necessity or desire in the past that has not been fulfilled. It can also be used with the conditional.

It has one form for all the persons: să fi + past participle.

The past subjunctive

(1) *a pleca* (to go)	(2) *a vira* (to turn)	(3) *a coborî* (to go down)	(4) *a diferi* (to differ)	(5) *a fugi* (to run)	(6) *a iubi* (to love)
să fi plecat	să fi virat	să fi coborât	să fi diferit	să fi fugit	să fi iubit
să fi plecat	să fi virat	să fi coborât	să fi diferit	să fi fugit	să fi iubit
să fi plecat	să fi virat	să fi coborât	să fi diferit	să fi fugit	să fi iubit
să fi plecat	să fi virat	să fi coborât	să fi diferit	să fi fugit	să fi iubit
să fi plecat	să fi virat	să fi coborât	să fi diferit	să fi fugit	să fi iubit
să fi plecat	să fi virat	să fi coborât	să fi diferit	să fi fugit	să fi iubit

The past subjunctive

(7) *a urî* (to hate)	(8) *a plăcea* (to like)	(9) *a face* (to do)	(10) *a merge* (to go)	(11) *a frige* (to fry)
să fi urât	să fi plăcut	să fi făcut	să fi mers	să fi fript
să fi urât	să fi plăcut	să fi făcut	să fi mers	să fi fript
să fi urât	să fi plăcut	să fi făcut	să fi mers	să fi fript
să fi urât	să fi plăcut	să fi făcut	să fi mers	să fi fript
să fi urât	să fi plăcut	să fi făcut	să fi mers	să fi fript
să fi urât	să fi plăcut	să fi făcut	să fi mers	să fi fript

Examples:

Să fi ajuns la teatru la timp, aş fi intrat la spectacol.
Had I arrived at the theatre on time, I would have gone into the show.

Nu trebuia să fi cumpărat atâtea roşii.
You shouldn't have bought so many tomatoes.

7.4.2.1 | The negative past subjunctive

To make the negative, place **nu** between să and fi: să nu fi văzut, să nu fi auzit, să nu fi înţeles.

7.5 Conditional

This mood has two tenses: a present tense and a perfect tense.

7.5.1 | Present conditional

In order to construct this form, you use a set of auxiliaries that correspond to each person – aș, ai, ar, am, ați, ar – followed by the short infinitive.

Present conditional

(1)	(2)	(3)	(4)	(5)	(6)
a pleca	*a vira*	*a coborî*	*a diferi*	*a fugi*	*a iubi*
(to go)	(to turn)	(to go down)	(to differ)	(to run)	(to love)
aș pleca	aș vira	aș coborî	aș diferi	aș fugi	aș iubi
ai pleca	ai vira	ai coborî	ai diferi	ai fugi	ai iubi
ar pleca	ar vira	ar coborî	ar diferi	ar fugi	ar iubi
am pleca	am vira	am coborî	am diferi	am fugi	am iubi
ați pleca	ați vira	ați coborî	ați diferi	ați fugi	ați iubi
ar pleca	ar vira	ar coborî	ar diferi	ar fugi	ar iubi

(7)	(8)	(9)	(10)	(11)
a urî	*a plăcea*	*a face*	*a merge*	*a frige*
(to hate)	(to like)	(to do)	(to go)	(to fry)
aș urî	aș plăcea	aș face	aș merge	aș frige
ai urî	ai plăcea	ai face	ai merge	ai frige
ar urî	ar plăcea	ar face	ar merge	ar frige
am urî	am plăcea	am face	am merge	am frige
ați urî	ați plăcea	ați face	ați merge	ați frige
ar urî	ar plăcea	ar face	ar merge	ar frige

7.5.1.1 | Uses of the present conditional

1 The conditional is used to express a desire: **Aș bea o bere.** (I would like to drink a beer.)
2 To express a wish conditioned by something: **Aș merge la mare dacă aș avea bani.** (I would go to the seaside if I had the money.)
3 To express an imaginary comparison with the phrases **de parcă** or **ca și cum**, as in **Vorbești de parcă ai fi filosof.** (You speak as if you were a philosopher.)
4 To speak in a more polite, persuasive way: **Te-aș ruga să îmi împrumuți niște bani.** (Would you mind lending me some money?)
5 In idiomatic structures showing a degree of emotional involvement. There is also an inversion that takes place: **Bătu-te-ar sfinții!** (May you

be cursed by the saints!), **Mânca-te-ar mama!** (interjection used by parents to children to show love.)

In Romanian, 'if' clauses accept a conditional form both in the 'if' clause with the word **dacă** or **de** and in the second clause:

Dacă aş avea timp, aş dormi mai mult.
If I had more time, I would sleep more.

Ai fi mai bun la şcoală dacă ai munci mai mult.
You would do better at school if you worked harder.

De ar fi un prieten bun, te-ar ajuta.
If he were a good friend, he would help you.

7.5.2 | Perfect conditional

Like the present conditional, the perfect conditional expresses an unfulfilled wish in the past. In order to construct the perfect conditional, we use the same set of auxiliaries as for the present conditional (aş, ai, ar, am, aţi, ar) followed by the short infinitive **fi**, followed by the past participle.

The perfect conditional

(1) a pleca (to go)	(2) a vira (to turn)	(3) a coborî (to go down)	(4) a diferi (to differ)	(5) a fugi (to run)	(6) a iubi (to love)
aş fi plecat	aş fi virat	aş fi coborât	aş fi diferit	aş fi fugit	aş fi iubit
ai fi plecat	ai fi virat	ai fi coborât	ai fi diferit	ai fi fugit	ai fi iubit
ar fi plecat	ar fi virat	ar fi coborât	ar fi diferit	ar fi fugit	ar fi iubit
am fi plecat	am fi virat	am fi coborât	am fi diferit	am fi fugit	am fi iubit
aţi fi plecat	aţi fi virat	aţi fi coborât	aţi fi diferit	aţi fi fugit	aţi fi iubit
ar fi plecat	ar fi virat	ar fi coborât	ar fi diferit	ar fi fugit	ar fi iubit

(7) a urî (to hate)	(8) a plăcea (to like)	(9) a face (to do)	(10) a merge (to go)	(11) a frige (to fry)
aş fi urât	aş fi plăcut	aş fi făcut	aş fi mers	aş fi fript
ai fi urât	ai fi plăcut	ai fi făcut	ai fi mers	ai fi fript
ar fi urât	ar fi plăcut	ar fi făcut	ar fi mers	ar fi fript
am fi urât	am fi plăcut	am fi făcut	am fi mers	am fi fript
aţi fi urât	aţi fi plăcut	aţi fi făcut	aţi fi mers	aţi fi fript
ar fi urât	ar fi plăcut	ar fi făcut	ar fi mers	ar fi fript

7.5.2.1 | Uses of the perfect conditional

1 To express an unfulfilled condition in the past: **Dacă aş fi avut timp, aş fi mers la mare.** (If I had time, I would have gone to the seaside.)
2 To express an unfulfilled desire or wish in the past: **Aş fi băut o bere!** (I would have liked a beer.)
3 To express oneself in a more polite way: **Te-aş fi rugat să îmi împrumuţi nişte bani.** (I would have asked you to lend me some money.)
4 To express annoyance or reproach: **Aş fi aşteptat să îţi ceri scuze!** (I would have expected you to apologize.)
5 To express an imaginary comparison with the phrases **ca şi cum** and **de parcă** in the past: **Vorbea de parcă ar fi fost filosof** (He was speaking as if he were a philosopher); **A jucat ca şi cum era chiar Luceafărul** (He played as if he were Luceafărul himself).
6 To express an unfulfilled wish without using the whole conditional construction: **De-ar fi reuşit!** (If only he had succeeded!)

Note: When forming an 'if' clause with the imperfect, or the past conditional, the tenses can be used interchangeably, i.e. there is no sequence of tenses as in English or French.

Present conditional 'if' clause:

Dacă aş avea mai mult timp, aş face mai multe lucruri.
If I had more time, I would do more things.

Imperfect/past conditional:

Dacă aveam mai mult timp, făceam mai multe lucruri.
If I had had more time, I would have done more things.

Dacă aveam mai mult timp, aş fi făcut mai multe lucruri.
If I had more time, I would have done more things.

Dacă aş fi avut mai mult timp, făceam mai multe lucruri.
If I had more time, I would have done more things.

Dacă aş fi avut mai mult timp, aş fi făcut mai multe lucruri.
If I had more time, I would have done more things.

7.5.2.2 | The negative perfect conditional

The negative is formed by placing **nu** in front of the verb.

7.6 Imperative

The imperative is used when addressing someone directly in order to make a request, give an order or a command. There are only two forms: the second person singular and the second person plural. It can only be used in the present.

7.6.1 Affirmative imperative forms

Affirmative imperatives

	(1) *a pleca* (to go)	**(2)** *a vira* (to turn)	**(3)** *a coborî* (to go down)	**(4)** *a acoperi* (to cover)	**(5)** *a fugi* (to run)	**(6)** *a iubi* (to love)
Tu Sing.	Pleacă!	Virează!	Coboară!	Acoperă!	Fugi!	Iubeşte!
Voi Pl.	Plecaţi!	Viraţi!	Coborâţi!	Acoperiţi!	Fugiţi!	Iubiţi!

	(7) *a urî* (to hate)	**(8)** *A cădea* (to fall)	**(9)** *a trece* (to pass)	**(10)** *a merge* (to go)	**(11)** *a frige* (to fry)
Tu Sing.	Urăşte!	Cazi!	Treci!	Mergi!	Frigi!
Voi Pl.	Urâţi!	Cădeţi!	Treceţi!	Mergeţi!	Frigeţi!

7.6.2 Imperatives of irregular verbs

	Imperative	
Infinitives	*TU* *(You sing.)*	*VOI* *(You pl.)*
a da (to give)	Dă!	Daţi!
a fi (to be)	Fii!	Fiţi!
a veni (to come)	Vino!	Veniţi!
a lua (to take)	Ia!	Luaţi!
a face (to do)	Fă!	Faceţi!
a zice (to say)	Zi!	Ziceţi!
a bea (to drink)	Bea!	Beţi!
a aduce (to bring)	Adu!	Aduceţi!
a duce (to take)	Du!	Duceţi!

7.6.3 | Rules for forming the imperative

1 In the plural affirmative form, all verbs in every conjugation form the imperative using the same form as the second person plural of the present indicative.
2 In the singular, verbs belonging to conjugations 1, 2, 3, 4, 6 and 7 form the imperative by using the same form as the third person singular of the present indicative.
3 Verbs ending in -ia form the imperative in – ie just like the present indicative third person.
4 Verbs belonging to conjugations 5, 8, 9, 10 and 11 form the singular imperative by using the same form as the second person singular in the present indicative.

7.6.4 | Affirmative imperative with personal pronouns

Direct object pronouns follow the imperative form and are hyphenated as follows:

Uite-l!	**Mănânc-o!**	**Dați-le!**
Look at it!	Eat it!	Give them!

Indirect object pronouns also follow the imperative form and are hyphenated:

Spune-mi!	**Scrie-i!**	**Trimiteți-ne!**
Tell me!	Write to her/him!	Send us!

When there is both a direct object pronoun and an indirect object pronoun in the same sentence, the indirect object pronoun comes first, followed by the direct object pronoun. They are all hyphenated:

Dă-mi-o!	**Trimiteți-ni-le!**	**Scrie-i-o!**
Give it to me!	Send them to us!	Write it to her!

7.6.5 | The negative imperative

In the negative form, the imperative follows the following rules:

* In the second person singular **nu** is followed by the short infinitive.
* In the second person plural **nu** is followed by the second person plural of the present indicative.

Negative imperatives

	(1) *a pleca* (to go)	(2) *a vira* (to turn)	(3) *a coborî* (to go down)	(4) *a acoperi* (to cover)	(5) *a fugi* (to run)	(6) *a iubi* (to love)
Tu Sing.	**Nu pleca!**	**Nu vira!**	**Nu coborî!**	**Nu acoperi!**	**Nu fugi!**	**Nu iubi!**
Voi Pl.	**Nu plecați!**	**Nu virați!**	**Nu coborâți!**	**Nu acoperiți!**	**Nu fugiți!**	**Nu iubiți!**

	(7) *a urî* (to hate)	(8) *a cădea* (to fall)	(9) *a trece* (to pass)	(10) *a merge* (to go)	(11) *a frige* (to fry)
Tu Sing.	**Nu urî!**	**Nu cădea!**	**Nu trece!**	**Nu merge!**	**Nu frige!**
Voi Pl.	**Nu urâți!**	**Nu cădeți!**	**Nu treceți!**	**Nu mergeți!**	**Nu frigeți!**

7.6.6 | Rules for forming the negative imperative with personal pronouns

1   The direct object pronoun is inserted between **nu** and the imperative:

Nu o da!   **Nu le mâncați!**
Don't give it!   Don't eat them!

2   The indirect object pronoun is also inserted between **nu** and the imperative:

Nu îmi scrieți!   **Nu vă supărați!**
Don't write to me!   Don't get upset!

3   When there is both a direct object pronoun and an indirect object pronoun in the same sentence, the indirect object pronoun comes first, followed by the direct object pronoun and they are all hyphenated. The negation **nu** is placed in front of everything:

Nu ne-o spuneți!   **Nu li-l trimiteți!**
Don't tell it to us!   Don't send it to them!

7.7   Infinitive

The infinitive is the basic form of a verb – **a mânca** (to eat), **a plăcea** (to please), **a scrie** (to write), **a iubi** (to love), **a coborî** (to go down), etc. Romanian verbs are categorized into their 11 different conjugations according to their endings in the infinitive, as explained in section 7.2.1.1.

The Romanian infinitive has a short form, in which the **a** is dropped (**mânca, plăcea, scrie, iubi, coborî,** etc.) and a long form which is used as a noun: **mâncare** (food), **plăcere** (pleasure), **scriere** (writing), **iubire** (love), **coborâre** (descend), etc.

7.7.1 | Uses of the infinitive

1 The infinitive can be used as a subject of a sentence: **A iubi este uman** (To love is human).
2 It can also be used with various prepositions or prepositional phrases:

- *înainte de*: Înainte de a răspunde, gândeşte-te bine! (Think very carefully before answering!)
- *fără*: Fără a iubi, nu am fi fericiţi (Without love, we wouldn't be happy)
- *în loc de*: În loc de a fi trist, gândeşte pozitiv! (Instead of being sad, think positively!)
- *pentru*: Pentru a reuşi, trebuie să perseverezi (In order to succeed, you have to persevere)
- *noun + de*: Dorinţa de a câştiga este des întâlnită (The desire to win is widespread)
- *a avea + ce, cine, unde, când*: Nu are ce mânca (He has nothing to eat); Nu am cu cine vorbi (I have nobody to talk to); Nu aveţi unde merge în vacanţă (You don't have anywhere to go in the holidays); Nu avem ce face! (We have no alternative!)

3 The infinitive is also used in directions and interdictions: **a se spăla după folosire** (to be washed after use); **a se desface cu grijă** (to be opened carefully).
4 The short infinitive is used in the first type of future tense in the indicative and in the present conditional: **voi pleca** (I will leave), **vei merge** (you will go) or **aş pleca** (I would leave), **ai merge** (you would go).

7.7.2 | The negative infinitive

To form the negative form of the infinitive, **nu** is placed between **a** and the verb: **A nu se păstra la cald!** (Not to be kept in warm temperatures); **A nu se fuma!** (No smoking!).

7.7.3 | Infinitive and personal pronouns

When a verb requires a direct object, indirect object or reflexive pronoun, the pronoun is placed between the a and the infinitive form of the verb, and is linked to the a by a hyphen: a-i plăcea (to like); a-i fi rău (to feel sick); a-i fi bine (to feel good); a-şi aminti (to remember); a-şi da seama (to realize); a-l durea (to hurt); a-l pasiona (to be passionate about); a-l ustura (to smart, itch). Reflexive pronouns in the accusative are not hyphenated: a se spăla (to wash), a se îmbrăca (to get dressed).

7.8 Gerund

This mood is formed from the root of the infinitive, to which the endings -ind or -ând are added (see below). Very often, the equivalent in English is the '-ing' form of the verb: writing, speaking, etc.

7.8.1 | Rules for the gerund endings

1   Conjugations 1, 2, 3, 7, 8, 9, 10 and 11 take the ending -ând.
2   Verbs that that end in -ghea, -chea, -ia take the ending -ind: întârzia – întârziind, supraveghea – supraveghind, îngenunchea – îngenunchind.
3   Conjugations 4, 5 and 6 (i.e. verbs ending in -i) take the ending -ind.

Gerunds

(1)	(2)	(3)	(4)	(5)	(6)
a pleca	*a vira*	*a coborî*	*a diferi*	*a fugi*	*a iubi*
(to go)	(to turn)	(to go down)	(to differ)	(to run)	(to love)
plecând	virând	coborând	diferind	fugind	iubind

(7)	(8)	(9)	(10)	(11)
a urî	*a plăcea*	*a face*	*a merge*	*a frige*
(to hate)	(to like)	(to do)	(to go)	(to fry)
urând	plăcând	făcând	mergând	frigând

7.8.2 | The negative gerund

The gerund forms its negative form by adding the prefix ne-: neiubind (not loving), nescriind (not writing), neurând (not hating).

There is a second negative form constructed using the adverb **mai** meaning 'any more', which is inserted between the **ne** and the gerund: **nemaifăcând** (not doing any more), **nemaiscriind** (not writing any more).

7.8.3 | *Gerund and personal pronouns*

Both direct and indirect object pronouns, as well as reflexive pronouns, are added at the end of the gerund and are hyphenated:

Văzându-mă, m-a strigat.
Seeing me, he called me.

Dându-mi un cadou, i-am mulţumit.
Giving me a present, I thanked him.

Spălându-mă, mi-am pierdut brăţara.
I lost my bracelet while I was washing.

When we have both a direct and an indirect object pronoun together, the indirect one comes first followed by the direct pronoun or by a reflexive pronoun:

Prezentându-mi-l, l-am cunoscut.
As she introduced him to me, I met him.

Amintindu-mi-o, i-am trimis o vedere.
Remembering her, I sent her a postcard.

7.8.4 | *Uses of the gerund*

The gerund is used in a variety of situations in Romanian and can be translated in several ways:

1 In temporal clauses:

Nu mânca uitându-te la televizor.
Don't eat whilst you are watching television.

2 In clauses of cause:

Împrumutându-mi banii, m-a ajutat mult.
The loan he gave me helped me a lot.

3   In conditional clauses:

Studiind mai mult, ai trece examenul.
If you studied more, you would pass the exam.

4   In clauses of modality:

Conduce ascultând muzică.
He drives listening to music.

5   In relative clauses:

Am văzut soarele apunând peste mare.
We watched the sun setting over the sea.

6   As an adjective which agrees with the noun:

Mi-a vorbit cu o voce tremurândă.
His voice shook as he talked to me.

7   After verbs:

Îl văd trecând pe lângă casa mea zilnic.
I see him passing my house every day.

7.9   Participles

In Romanian the participle has only one form, equivalent to the past participle in English. It is used to form the compound past. It is constructed by adding endings to the root of the infinitive. (See section 7.2.2.1.)

7.9.1   Negative participles

The (past) participle has a negative form with the prefix **ne** just like the gerund: **nespălat** (unwashed), **negândit** (unthought), **neînțeles** (misunderstood).

7.9.2   Uses of the past participle

1   The past participle is used to form the compound past and the simple past, the latter being formed from the root of the participle. It is also used to form the supine (see section 7.10).

2   It is often used as an adjective agreeing with the noun:

Greşeala odată admisă e pe jumătate iertată.
A mistake once admitted is half forgiven.

3   It is used in passive constructions with the verb 'to be':

Sunt întrebată dacă vin la petrecere.
I am asked if I am coming to the party.

4   It is used after certain verbs, by omitting the auxiliary verb **a fi**. Here it
    has to agree with the subject of the sentence:

Piesa de teatru merită văzută.
The play is worth seeing.

7.10   Supine

This mood is formed through the use of prepositions like **de, la, pe, de la**
followed by the participle: **lecţie de învăţat** (lesson to learn), **greu de realizat**
(hard to achieve).

7.10.1   Uses of the supine

1   Verb + supine:

Am de terminat o compunere.
I have to finish a composition.

Ai multe lucruri de făcut azi.
You have a lot of things to do today.

El a mers la furat.
He went out stealing.

2   Adverb + supine:

E uşor de zis, dar greu de făcut.
It is easy to say, but hard to do.

E bine de ştiut regula asta.
It is good to know this rule.

3   As a causative clause:

De atâta plâns mă doare capul.
My head hurts because of so much crying.

125

4   Noun + supine:

maşină de spălat (washing machine)
maşină de scris (typewriter)
fier de călcat (iron)
aparat de ras (shaving kit)
ochelari de citit (reading glasses)

5   In phrases:

pe neanunţate (without any notice)
pe nesimţite (unnoticeably)
pe ascuns (in secret)

7.11   Passive voice

This is formed by using the verb **a fi** in the appropriate tense and the past participle as an adjective. It is often followed by **de** meaning 'by' in order to show the author of the action:

Sunt chemată la telefon de Dana.
Dana called me to the telephone.

Ai fost rugat să vii la timp.
You were asked to come on time.

Veţi fi aşteptaţi la gară de Maria.
You will be welcomed at the station by Maria.

Înainte să ajungi, fusesem invitaţi la cină de mama.
We were invited to have dinner with my mother before you arrived.

Prizonierii erau interogaţi zilnic.
The prisoners were interrogated daily.

7.11.1   Passive past participle

The passive past participle can be used as an adjective after the noun. In this case the verb **a fi** is not used:

Mănăstirile construite de Ştefan cel Mare sunt foarte frumoase.
The monasteries built by Stephen the Great are very beautiful.

Pantofii purtaţi prea des se strică.
Shoes that are worn too often will fall apart.

7.12 Reflexive verbs

Romanian has a lot of verbs that can be used in a reflexive form by using reflexive pronouns.

7.12.1 Accusative reflexive verbs

See section 5.9 for this type of reflexive pronoun. Many verbs that describe daily activities are employed in their reflexive form. In the infinitive we use the third person singular form **se** to indicate that a verb is used with an accusative reflexive pronoun:

a se trezi (to wake up)	**Mă trezesc în fiecare zi la 9.** I get up every day at 9.
a se spăla (to wash oneself)	**Când vin din oraş mă spăl de praf pe faţă.** When I come back from town I wash the dust off my face.
a se relaxa (to relax)	**Radu se relaxează ascultând muzică.** Radu relaxes listening to music.
a se certa (to argue with one another)	**De ceva timp ne certăm mult.** For a while we have been arguing a lot.
a se uita (to watch)	**Copiii se uită la desene animate dimineaţa.** Children watch cartoons in the morning.

Here is a list of the most common reflexive verbs: **a se pieptăna** (to brush one's hair), **a se trezi** (to wake up), **a se încălţa** (to put one's shoes on), **a se descălţa** (to take one's shoes off), **a se gândi** (to think), **a se duce** (to go), **a se întoarce** (to return), **a se urca** (to get on, to go up), **a se coborî** (to get off, go down), **a se căsători** (to get married), **a se naşte** (to be born), **a se îndrăgosti** (to fall in love), **a se bucura** (to enjoy, be happy), **a se mira** (to be amazed), **a se plimba** (to take a walk), **a se îngrăşa** (to put weight on), **a se hotărî** (to make one's mind up), **a se angaja** (to get a job), **a se schimba** (to change oneself), **a se numi** (to be called).

7.12.2 Dative reflexive verbs

See section 5.9 for a list of the dative reflexive pronouns. In the infinitive we use the third person singular reflexive pronoun îşi in the hyphenated form -şi to indicate that a verb is used with a dative reflexive pronoun:

a-şi aminti (to remember)	**Îmi amintesc de copilărie.** I remember my childhood.
a-şi lua rămas bun (to take one's leave)	**Ne-am luat rămas bun şi am plecat.** We took our leave and left.
a-şi da seama (to realize)	**Nu îţi dai seama de greşeală.** You don't realize your mistake.
a-şi dori (to desire, wish for oneself)	**Îmi doresc să trec examenele.** I wish to pass the exams.
a-şi dărui (to give oneself a present)	**Mi-am dăruit o carte nouă.** I bought myself a new book as a present.

The following examples show how a verb can be used on its own, or together with an accusative or dative reflexive pronoun:

- *a chema* (to call someone): **Te cheamă mama.** (Mother is calling you.)
- *a se chema* (to be called): **Cum se cheamă sora ta?** (What is your sister's name?)
- *a-şi chema* (to call with possessive reflexives): **Ţara îşi cheamă soldaţii la război.** (The country calls its soldiers to war.)
- *a bucura* (to make someone happy): **Îi bucur pe părinţi când iau note bune.** (I make my parents happy when I get good marks.)
- *a se bucura* (to be happy): **Mă bucur să văd că ai avut o vacanţă frumoasă.** (I am happy to see you had a nice holiday.)
- *a-şi bucura* (to make someone happy with possessive reflexives showing possession): **Radu şi-a bucurat sora cu o veste bună.** (Radu made his sister happy with a piece of good news.)

7.12.3 Impersonal reflexive

The impersonal reflexive is used in the third person singular and plural with the pronoun **se**. It expresses the idea of impersonal constructions where the authors are unknown:

Conferința se va ține luna viitoare.
The conference will be held next month.

Magazinele se vor deschide luni.
The shops will open on Monday.

S-a aflat cine e vinovatul?
Has the guilty party been found?

7.13   Impersonal, unipersonal and bipersonal verbs

7.13.1 | *Impersonal verbs*

Impersonal verbs occur only in the third person singular and do not have a subject:

Ninge. (It is snowing.)
Plouă! (It is raining!)

7.13.2 | *Unipersonal and bipersonal verbs*

Unipersonal verbs use one form for all persons: **merită** (it is worth it), **trebuie** (it must/should), **ustură** (it smarts/itches), **mănâncă** (it itches), etc.:

Merită să vizitezi lumea.
It is worth seeing the world.

Trebuie să plecați la timp.
You have to leave on time.

Mă mănâncă capul.
My head is itching me.

Mă ustură ochii.
My eyes smart.

Bipersonal verbs have two forms: one for the singular and one for the plural: **a plăcea** (to like), **a durea** (to hurt). They are formed with either direct object or indirect object pronouns. The singular form is used if there is one object that the verb refers to whilst the plural form is used if there are several objects to which the verb refers.

Singular	Plural
îmi place cafeaua (I like coffee)	**îmi plac florile** (I like flowers)
îţi placea cafeaua	**îţi plac florile**
îi place cafeaua	**îi plac florile**
ne place cafeaua	**ne plac florile**
vă place cafeaua	**vă plac florile**
le place cafeaua	**le plac florile**
mă doare piciorul (my foot hurts)	**mă dor braţele** (my arms hurt)
te doare piciorul	**te dor braţele**
îl doare piciorul	**îl dor braţele**
ne doare piciorul	**ne dor braţele**
vă doare piciorul	**vă dor braţele**
îi doare piciorul	**îi dor braţele**

7.14 Sequence of tenses

In Romanian the sequence of tenses is free, unlike in English. We can have a future and a past in the same sentence. The sequence of tenses follows the logic of the sentence. In Romanian, reported speech is rendered in the tense the speaker would use when saying it 'live':

Ieri mi-ai spus că vei merge la mare în concediu.
Yesterday you told me that you would go to the seaside on holiday.

Acum trei ani mă mutasem deja din casa undei vei locui tu.
Three years ago I had already moved from the house where you were going to live.

7.15 Verbal phrases

Verbal phrases are formed with a verb and other parts of speech such as nouns, pronouns, prepositions and adjectives. Here are some examples:

a lua loc (to take a seat)	**a ţine minte** (to remember)
a avea de gând (to have the intention to)	**a lua la rost** (to scold)
a o lua la fugă (to run away)	**a-şi lua zborul** (to take off)

a-şi face iluzii (to have false hopes)

a-i fi sete (to be thirsty)

a sta la poveşti (to chat)

a întoarce foaia
(to turn over a new leaf)

a-şi da cu părerea
(to express one's opinion)

a lua sfârşit (to end)

a da ortul popii (to kick the bucket)

a-i fi somn (to be sleepy)

a se lua la ceartă (to argue)

a întoarce spatele (to give up)

a lua pe cineva în râs (to make fun of someone)

a face valuri (to cause a stir)

Verbal phrases

Chapter 8

Adverbs

Formation

Most adverbs have the same form as their corresponding masculine singular adjectives: **frumos** (nicely), **mult** (a lot), **atent** (carefully), **obraznic** (rudely).

Other adverbs derived from nouns or adjectives take the suffix –**eşte**: **româneşte** (in Romanian), **bărbăteşte** (like a man), **voiniceşte** (with strength), or the suffix -**iş** like **morţiş** (by all means), **cruciş** (cross-eyed) or –**âş** as in **târâş** (crawling).

Compound adverbs are formed with prepositions: *din*afară (outside), *de*seară (tonight); conjunctions *ori*unde (anywhere) *ori*când (any time), *fie*cum (in any way); pronouns *altă*dată (some other time), *ast*ăzi (today); or adverbs **azi-noapte** (last night), **ieri-dimineaţă** (yesterday morning).

8.1.1 | *Adverbial phrases:*

fără îndoială	without doubt
din nou	once again
de ajuns	enough
de asemenea	similarly
în vecii vecilor	for all eternity
nici în ruptul capului	not for the love of God
de voie, de nevoie	willy nilly
de jur împrejur	all around
de-a dreptul	really, truly, genuinely
încetul cu încetul	little by little

cât de cât	pretty much
picior peste picior	cross-legged
nas în nas	eye to eye
aşa şi aşa	so-so
când şi când	from time to time
de când lumea	since the beginning of time
cine ştie când	who knows when
cu chiu cu vai	by hook or by crook
în fel şi chip	in various ways
de bine de rău	for better or worse
de-a valma	higgledy-piggledy; all over the place
pe de rost	by heart

8.2 Comparison

Adverbs have the same degrees of comparison as adjectives: the positive degree (the basic form), the comparative degree and the superlative degree.

Positive	Comparative	Superlative
well	better	best
bine	**mai bine**	**cel mai bine**
carefully	more carefully	most carefully
atent	**mai atent**	**cel mai atent**
quickly	more quickly	most quickly
repede	**mai repede**	**cel mai repede**
beautifully	more beautifully	most beautifully
frumos	**mai frumos**	**cel mai frumos**

8.2.1 Comparative degree

The comparative degree of equality is formed with the help of phrases such as: la fel de ... ca or tot aşa de ... ca or tot atât de ... ca. All these mean 'as ... as ...':

Vorbeşte la fel de repede ca mama ei.
She speaks as quickly as her mother.

Cântă tot atât de bine ca tine.
He sings as well as you.

Nu mai gândim tot aşa de prost ca înainte.
We don't think as badly as we did before.

Superiority is expressed with the help of phrases like mai ... decât ... or mai ... ca ... meaning 'more ... than'.

Vorbeşte mai repede ca mama ei.
She speaks more quickly than her mother.

Cântă mai bine decât tine.
He sings better than you.

Inferiority is expressed with the help of phrases like mai puţin ... decât ... or mai puţin ... ca..., which means 'less than':

Vorbeşte mai puţin repede ca mama ei.
She speaks less quicky than her mother.

Cântă mai puţin bine decât tine.
He sings less well than you.

8.2.2 *Superlative degree*

The superlative degree of superiority is formed with the help of phrases like cel mai ... din/dintre/de la ...

Simona locuieşte cel mai departe dintre prietenele mele.
Simona lives the furthest away of all my friends.

Matei învaţă cel mai repede din toată clasa.
Matthew learns the fastest in the whole class.

Bunica gândeşte cel mai bine dintre noi.
Grandma thinks the best amongst us.

The superlative degree of inferiority is formed with the help of phrases like cel mai puţin ... din/dintre/de la ...

Ema îmi scrie cel mai puţin regulat dintre prietenele mele.
Emma writes to me the least regularly of all my friends.

Matei învaţă cel mai puţin repede din toată clasa.
Matthew learns the slowest in our class.

El gândeşte cel mai puţin bine dintre noi.
He thinks the worst amongst us.

The absolute superlative is formed with phrases like: **foarte ...**, **grozav de...**, **extraordinar de...**, **nemaipomenit de...**, **incredibil de...**

El scrie foarte frumos.
He writes very beautifully.

El vorbeşte extraordinar de elocvent.
He speaks unbelievably eloquently.

El se mişcă nemaipomenit de graţios.
He moves incredibly graciously.

8.3 Uses

Adverbs are used in a variety of ways:

1 *To express place*: **aici** (here), **acolo** (there), **deasupra** (above), **dedesubt** (under), **dincolo** (beyond, next door), **departe** (far), **aproape** (close), **jos** (down), **sus** (up), **peste tot** (everywhere), **niciunde** (nowhere)
2 *To express time*: **acum** (now), **ieri** (yesterday), **mâine** (tomorrow), **poimâine** (the day after tomorrow), **alaltăieri** (the day before yesterday), **atunci** (then), **cândva** (some time), **demult** (a long time ago), **ieri seară** (last night), **zilnic** (daily)
3 *To express modality*: **aşa** (so), **bine** (well), **rău** (badly), **prost** (badly), **degeaba** (in vain), **la fel** (in the same way), **pe româneşte** (in Romanian), **deodată** (all of a sudden), **pe furiş** (secretly)
4 *To express quantity*: **atât** (that much), **mult** (a lot), **puţin** (a little), **cât** (as much), **cam** (about)
5 *To express agreement*: **da** (yes), **ba da** (yes, in response to a negative question), **desigur** (of course), **bineînţeles** (of course), **fireşte** (naturally)
6 *To express negation*: **nu** (no), **niciunde** (nowhere), **niciodată** (never), **nicidecum** (no way), **nici** (no, neither)
7 *To express a question* (interrogative adverbs): **când?** (when?), **cum?** (how?), **unde?** (where?), **încotro?** (to where?)
8 *To express relativity (relative adverbs)*: **când** (when), **unde** (where), **cum** (how)

8.4 Mai, și, tot, prea, chiar

These adverbs always precede the word they modify, e.g.:

Mai mergi la înot?
Do you still go swimming?

Nu mai mănânci?
Have you finished eating?

Și eu vreau o cafea.
I want coffee too.

Tot nu vrei să vii?
You still don't want to come?

Vreau tot o prăjitură.
I want a cake as well.

Nu prea vreau să vin la film.
I don't really want to go to the cinema.

E prea dificil să învăț franceza.
It's too difficult to learn French.

Chiar Marius m-a sunat.
Marius himself called me.

Chiar glumești?
Are you really joking?

8.5 Adverbs and the genitive

Some adverbial phrases take the definite article and are followed by a noun in the genitive, forming prepositional phrases (see Chapter 9): **la spatele** (at the back of), **în dosul** (behind), **în fața** (in front of), **înaintea** (before), **în urma** (following), **deasupra** (above), **dedesubtul** (under), **în jurul** (around), **din cauza** (because of), e.g.:

La spatele blocului este o parcare.
At the back of the block of flats there is a car park.

Mătura este în dosul dulapului.
The broom is behind the cupboard.

Stai în fața mea!
Sit in front of me!

Înaintea războiului oamenii erau fericiți.
Before the war people were happy.

În urma atacurilor, oamenii s-au speriat.
Following the attacks, people became frightened.

Deasupra magazinului este o cofetărie.
Above the shop there is a cafe.

Bagă cearşaful dedesubtul saltelei!
Tuck the bedsheet underneath the mattress!

În jurul casei este o livadă de cireşi.
Around the house there is a cherry orchard.

Din cauza trenului, am ajuns târziu.
Because of the train we arrived late.

Chapter 9

Prepositions

9.1 Formation

Prepositions appear before nouns, pronouns, numerals, verbs and adverbs. They express the idea of place, time, manner, condition, cause, scope, exception. Many prepositions have several meanings. They are used before a noun in the accusative, genitive or dative.

9.1.1 Simple prepositions

Prep. + Accusative		Prep. + Genitive		Prep. + Dative	
pe	on	**asupra**	on, about	**datorită**	due to
la	at, to	**contra**	against	**mulţumită**	thanks to
lângă	near	**deasupra**	above	**graţie**	thanks to
sub	under	**dedesubtul**	under	**conform**	according to
cu	with	**împotriva**	against	**contrar**	contrary to
fără	without	**înaintea**	before	**asemenea**	similarly to
după	after				
spre	towards				
în	in, from				
din	from				
până	until				
despre	about				
către	to				
prin	through				
de	of, since, for				

9.1.2 | *Compound prepositions*

These are made up of two prepositions or a preposition plus a noun or an adverb: **pe la** (around), **de pe** (from, of), **de lângă** (from near), **de pe la** (from), **de după** (from after), **până la** (up to), **dinspre** (from), **printre** (amongst), **împrejurul** (around), **dinăuntrul** (inside), etc.

9.2 Prepositional phrases

Prepositional phrases can be used before a noun in the accusative or genitive.

Prep. + Accusative		*Prep. + Genitive*	
în afară de	besides	**în faţa**	in front of
în loc de	instead of	**în spatele**	behind
o dată cu	at the same time as	**în afara**	besides
faţă de	in comparison with	**cu ocazia**	with the occasion of
legat de	regarding	**în scopul**	with the aim of
în curs de	in the process of	**din cauza**	because of
privitor la	regarding	**la nivelul**	at the level of
în ceea ce priveşte	regarding	**de-a lungul**	alongside

9.3 Uses

1 Nouns in the accusative preceded by a preposition and not followed by any modifiers take no article:

la mare	at the seaside
la munte	in the mountains
fără rost	pointless (lit. 'without a point')
lângă oraş	near the town
pentru femei	for women

Note: The preposition **cu** has a special regime. If **cu** refers to substance or matter, the noun carries no article: **cafea cu zahăr** (coffee with sugar), **pâine cu unt** (bread and butter). If **cu** refers to an instrument, or to a means of doing something, the noun is used in the definite form: **cu autobuzul** (by bus), **cu stiloul** (with a pen), **cu maşina** (by car), **cu pianul** (with the piano).

2 Nouns in the genitive and dative preceded by a preposition or a prepositional phrase are always in the definite form:

cu ocazia sărbătoririi	on the occasion of celebrating
de-a lungul istoriei	throughout history
împotriva guvernului	against the government
datorită întârzierii	due to the delay
asemănător exemplului	just like the example

3 Prepositions **în** (in), **din** (from), **prin** (through) followed by a noun in the indefinite form appear as follows:

în un oraş	**într-un oraş**	in a town
din un oraş	**dintr-un oraş**	from a town
prin un oraş	**printr-un oraş**	through a town
în o casă	**într-o casă**	in a house
din o casă	**dintr-o casă**	from a house
prin o întâmplare	**printr-o întâmplare**	by accident

4 The preposition **de** followed by a in phrases is hyphenated: **de-a lungul** (across its length), **de-a latul** (across its width), **de-a curmezişul** (across).

9.4 Verbs followed by specific prepositions

9.4.1 *Verb* + cu

a se asemăna cu	to be similar to
a se căsători cu	to marry
a (se) certa cu	to quarrel, argue with
a echivala cu	to be equal to
a (se) hrăni cu	to feed on

a înmulți cu	to multiply by
a (se) întâlni cu	to meet
a (se) ocupa cu	to be involved with/in
a vorbi cu	to speak to

9.4.2 | Verb + de

a aparține de	to belong to
a se bucura de	to enjoy
a (se) convinge de	to convince of
a (se) deosebi de	to differ from
a depinde de	to depend on
a (se) despărți de	to separate from
a fugi de	to run from
a se mira de	to be amazed by
a se plictisi de	to get bored with
a râde de	to laugh at
a se teme de	to fear

9.4.3 | Verb + despre

a întreba despre	to ask about
a povesti despre	to tell a story about
a ști despre	to know about
a vorbi despre	to speak about

9.4.4 | Verb + la

a ajuta la	to help with
a asista la	to witness
a se gândi la	to think of
a împărți la	to divide by
a răspunde la	to answer

a reacţiona la	to react to
a renunţa la	to give up on
a reuşi la	to succeed in
a trimite la	to send to

9.4.5 Verb + asupra

a acţiona asupra	to act upon
a avea consecinţe asupra	to have consequences on
a avea efect asupra	to have an effect on

9.4.6 Verb + contra

a lua măsuri contra	to take measures against
a lupta contra	to fight against

9.4.7 Verb + prin

a se caracteriza prin	to be known for
a începe prin	to start by
a (se) termina prin	to finish by

9.4.8 Verb + în

a lucra în	to work in (a field)
a se specializa în	to specialize in
a crede în ceva	to believe in something
a se transforma în	to change into

9.4.9 Verb + din

a se forma din	to form from
a proveni din	to originate from
a rezulta din	to result from

Chapter 10

Conjunctions

Conjunctions link clauses in a complex sentence or words between themselves in a coordinating or subordinating manner.

10.1   Coordinating conjunctions

This type of conjunction links words or clauses of similar value. There are several types:

1 *Copulative conjunctions*

şi	and
nici	neither
şi ... şi ...	both ... and ...
nici ... nici ...	neither ... nor ...
nu numai ... ci şi ...	not only ... but also ...
atât ... cât ...	both ... and ...

Şi mie şi ţie ne place vinul roşu.
Both you and I like red wine.

Nici Richard nici Mathew nu sunt aroganţi.
Neither Richard nor Matthew is arrogant.

2 *Adversative conjunctions*

dar	but
însă	but, however, while
iar	and, while, whereas
ci	but

Eu vreau să merg la teatru, însă tu vrei să mergi la film.
I want to go to the theatre, while you want to go to the cinema.

Ţi-am explicat de ce, dar tu nu înţelegi.
I told you why, but you don't understand.

3 *Disjunctive conjunctions*

sau	or
ori	or
sau ... sau ...	either ... or ..
fie ... fie ...	either ... or ...
ori ... ori ...	either ... or ...

Sau tu sau el mă enervaţi.
It's either you or he who annoys me.

Mergem la mare sau la munte?
Shall we go to the seaside or to the mountains?

4 *Conclusive conjunctions*

deci	so
aşadar	therefore
prin urmare	consequently
în concluzie	as a conclusion

10.2 Subordinating conjunctions

1 *Of cause*

pentru că	because
fiindcă	because
deoarece	because, since
din cauză că	because of
din pricină că	because of
sub pretext că	under the pretext that
întrucât	given that
căci	as, because

dat fiind că	given (the fact) that
având în vedere că	considering that
din moment ce	given the fact that; ever since

Nu mergi la mare pentru că nu ai bani.
You don't go to the seaside because you don't have any money.

Dat fiind că trenul întârzie, trebuie să-i anunţăm.
Given (the fact) that the train is late, we have to let them know.

2 *Of consequence*

încât	so that
că	that
cât	as
de	so that
să	so that
ca să	so that
încât să	so that

Am citit atât de mult încât mă dor ochii.
I have read so much that my eyes hurt.

Au vorbit de s-au plictisit.
They spoke so much that they got bored.

3 *Of concession*

deşi	although
chiar dacă	even if, although
chiar să	even if
cu toate că	despite
în ciuda faptului că	in spite of the fact that

Îl iubesc, deşi e departe.
I love him, although he is far away.

Scriu la carte chiar dacă nu am timp.
I am writing the book although I don't have time.

4 *Of condition*

cu condiţia să	provided that
în cazul că	if, in the event that
dacă	if
de	if
în ideea că	on the idea that

Vin la petrecere cu condiţia să mă duci acasă cu maşina.
I will come to the party provided that you give me a lift home.

În cazul că pleci mai repede, spune-mi.
If you leave earlier, let me know.

5 *Of purpose*

cu scopul ca	with the aim of
pentru ca să	in order to

Îţi scriu pentru ca să te invit la nunta mea.
I am writing to you in order to invite you to my wedding.

6 *Of time*

până când	by the time
până să	by the time
după ce	after
în vreme ce	while
imediat ce	immediately after
înainte să	before
o dată ce	once
ori de câte ori	every time

Până să ajung la telefon, nu a mai sunat.
By the time I got to the phone, it had stopped ringing.

Ori de câte ori ne întâlnim, ne simţim bine împreună.
Every time we meet, we have a good time together.

7 *Of manner*

cu cât ... cu atât ...	the more ... the more ...
de câte ori ... de atâtea ori ...	every time
aşa cum	as
precum	as, in the way that
de ce ... de aceea ...	the more ... the more ...
pe măsură ce	the more ...

Cu cât mănâncă mai mult cu atât se îngraşă.
The more he eats, the fatter he gets.

Precum ştii/aşa cum ştii, mama nu călătoreşte niciodată.
As you know, mother never travels.

Trăieşte precum ştie.
He lives in the way he knows.

8 *Relative*

relativ la faptul că	regarding
cu privire la faptul că	regarding

Te-am sunat cu privire la discuţia de ieri.
I called you regarding yesterday's talk.

9 *Of exception*

în afară de faptul că	besides the fact that
în afara faptului că	besides the fact that

Pe lângă faptul că a întârziat, nici nu şi-a cerut scuze.
Besides the fact that he was late, he didn't even apologize.

10 *Of opposition*

dar	but
însă	but
în timp ce	while, whilst, whereas
pe când	while, whilst, whereas
în loc să	instead of

Eu beau cafea cu mult zahăr în timp ce tu o bei fără zahăr.
I drink coffee with lots of sugar whereas you drink it without sugar.

11 *Of addition*

pe lângă faptul că   besides, moreover

după ce că   besides

După ce că ai întârziat, mai eşti şi dificil.
Besides the fact that you are late, you are also difficult.

Chapter 11

Interjections

Interjections express a verbal reaction to physical and mental sensations or impressions.

11.1 Types

1 *Physical pain*: **au!** (ouch!), **vai!** (oh goodness!), **aoleo!** (oh my God!), **brrr!** (brrr!), **arş!** (ouch! – when burnt)

2 *Mental discomfort*: **vai!** (oh dear!), **vai de mine!** (oh dear (woe is me)!), **oh!** (oh!), **of!** (sigh!), **uf!** (sigh!)

3 *Pleasure, agreement*: **mmm!** (mmm! Tastes good!), **vai!** (great!), **ooo!** (wow!), **aaa!** (ahh!), **bravo!** (bravo!), **îhî!** (ok!), **mişto!** (cool! – very colloquial)

4 *Displeasure*: **aş!** (bah!), **ţî-ţî!** (tut-tut!), **pfu!** (yuck!), **nasol!** (bad – very colloquial)

5 *Surprise*: **Doamne!** (Oh God!), **ia uite!** (well, well!), **poftim!** (there you go!)

6 *Disappointment*: **hm!** (hmm!), **na!** (hmm!) **de!** (well, there you go!), **Păcat!** (That's a shame!)

7 *Encouragement*: **hai!** (come on!), **haide!** (come on!), **hopa!** (up you get!), **păi?** (well?)

8 *Calling someone*: **hei!** (hey!), **măi!** (oi!), **mă!** (oi!), **bă!** (oi!), **pst!** (psst!)

9 *Disagreement*: **măi!** (well ...), **hei!** (hey!), **ţţţ!** (tut-tut!), **ne-ne!** (no, no!), **da' de unde!** (come off it!), **ei!** (come on now!)

10 *Talking to animals*: **cuţu-cuţu!** (here boy!), **pis-pis!** (here kitty-kitty), **pui-pui!** (when calling chickens)

11 *Swear words*: **drace!** (Damn it!), **la dracu!** (Damn it!), **la naiba!** (Damn it!)

12 *Noises from nature*: **pac!** (bam!), **poc!** (bang!), **buf!** (crash!), **trosc!** (crack!), **pleosc!** (splash!), **zvârr!** (whizz!)

13 *Animal sounds*: **ham-ham!** (woof-woof!), **mârr!** (growl!), **miau!** (meow!), **i-ha-ha!** (neigh!), **muu!** (moo!), **guiţ-guiţ!** (oink-oink!),

mor-mor! (roar! (bear)), **cotcodac!** (cluck cluck!), **cucurigu!** (cock a doodle-doo!), **piu-piu!** (cheep-cheep!), **be-e-e!** (baa!)

14 *Sounds of instruments, gadgets*: **tic-tac!** (tick-tock!), **țârr!** (ring-ring!), **ding-dong!** (ding-dong!)

Note: **Poftim!** is an interjection with multiple uses:

• when offering someone a seat or a present or something to eat or drink. (Here you are!)
• when one does not understand something said and asks for repetition. (Sorry?)
• **Ei poftim!** is used to express surprise or indignation. (Oh, well!)

Chapter 12
Word formation

New words can be derived using prefixes, suffixes or compounds. Often the same prefix or suffix can serve several parts of speech. To simplify things, we have listed the prefixes and the suffixes under the grammatical classes with which they are most likely to be used.

12.1 Suffixes

12.1.1 Nouns

-ar:	**bucătar** (cook), **ceasornicar** (watchmaker)
-tor:	**muncitor** (worker), **jucător** (player)
-giu:	**geamgiu** (glazier), **cafegiu** (coffee seller)
-easă:	**croitoreasă** (seamstress), **bucătăreasă** (female cook)
-iţă:	**actriţă** (actress), **doctoriţă** (female doctor)
-oaică:	**englezoaică** (Englishwoman), **chinezoaică** (Chinese woman)
-ez:	**englez** (English man), **chinez** (Chinese man)
-ime:	**mulţime** (crowd), **pătrime** (a fourth)
-et:	**brădet** (firtree grove), **tineret** (youth)
-iş:	**frunziş** (foliage), **pietriş** (gravel)
-ătate:	**bunătate** (kindness), **străinătate** (abroad)
-itate:	**sinceritate** (sincerity), **posibilitate** (possibility)
-enie:	**cetăţenie** (citizenship), **curăţenie** (cleanness)
-ie:	**prietenie** (friendship), **jucărie** (toy)
-ism:	**truism** (truism), **altruism** (altruism)

-*re*: **mâncare** (food), **scriere** (writing)

-*ură*: **băutură** (drink), **prăjitură** (cake)

12.1.2 *Diminutive suffixes for nouns*

Diminutives often express terms of endearment, e.g.:

-*aş*: **îngeraş** (little angel), **copilaş** (little child)

-*el*: **băieţel** (little boy), **căţel** (puppy)

-*ic*: **bunic** (grandad), **pupic** (little kiss)

-*ică*: **bunică** (grandma), **păsărică** (little bird)

-*iţă*: **fetiţă** (little girl), **linguriţă** (teaspoon)

-*ior*: **frăţior** (little brother), **pantofior** (little shoe)

-*ioară*: **surioară** (little sister), **inimioară** (little heart)

-*uc*: **năsuc** (little nose), **sătuc** (little village)

-*uţ*: **căluţ** (little horse), **bănuţ** (little coin)

-*uţă*: **căsuţă** (little house), **măsuţă** (little table)

-*uleţ*: **ursuleţ** (little bear), **coşuleţ** (little basket)

12.1.3 *Augmentative suffixes for nouns*

-*oi*: **băieţoi** (big lad), **cărţoi** (big book)

-*oaie*: **căsoaie** (big house), **cărţoaie** (big book)

12.1.4 *Adjectives*

-*al*: **anual** (yearly), **săptămânal** (weekly)

-*ar*: **lunar** (monthly), **familiar** (familiar)

-*aş*: **fruntaş** (top worker), **pătimaş** (passionate)

-*at*: **bucălat** (chubby), **catifelat** (velvety)

-*bil*: **capabil** (capable), **amabil** (amiable)

-*esc*: **bărbătesc** (masculine), **femeiesc** (feminine)

-*eţ*: **băgăreţ** (daring), **iubăreţ** (loving)

-os:	**prietenos** (friendly), **mâncăcios** (gluttonous)
-iu:	**argintiu** (silvery), **auriu** (golden)
-ist:	**imperialist** (imperialist), **regalist** (royalist)
-nic:	**făţarnic** (two-faced), **puternic** (powerful)
-tor:	**iubitor** (loving), **muncitor** (hard-working)
-ui:	**verzui** (greenish), **gălbui** (yellowish)

12.1.5 Adverbs

-eşte:	**românește** (in Romanian), **englezește** (in English)
-iş:	**cruciş** (crossways), **furiş** (furtively)
-mente:	**eminamente** (eminently), **realmente** (really)

12.2 Prefixes

12.2.1 Nouns

anti-, ante-:	**anticameră** (antechamber), **antevorbitor** (previous speaker)
aero-:	**aeronaut** (aeronaut), **aerogară** (airport)
auto-:	**autoturism** (vehicle), **autobiografie** (autobiography)
contra-:	**contraindicaţie** (contraindication), **contradicţie** (contradiction)
hiper-:	**hipertensiune** (high blood pressure), **hipersensibilitate** (hypersensitivity)
hipo-:	**hipoglicemie** (hypoglycemia), **hipodrom** (race course)
inter-:	**interacţiune** (interaction), **interdicţie** (interdiction)
non-:	**nonsens** (nonsense), **nonvaloare** (zero value)
post-:	**postimpresionism** (post-impressionism), **postproducţie** (post production)
pseudo-:	**pseudovaloare** (pseudovalue), **pseudonim** (pseudonym)
supra-:	**suprarealism** (surrealism), **supralicitaţie** (overestimation)

153

12.2.2 | Adjectives

arhi-:	**arhitectural** (architectural)
ne-:	**neobișnuit** (unusual), **necondiționat** (unconditional)
anti-:	**antinevralgic** (painkiller)
bi-:	**bicefal** (bicephalous), **bipolar** (bipolar)
mono-:	**monocrom** (monochrome), **monogam** (monogamous)
poli-:	**policrom** (polychrome)
extra-:	**extraordinar** (extraordinary), **extraconjugal** (extramarital)
pre-:	**prespălat** (prewashed), **preconceput** (preconceived)
ultra-:	**ultramodern** (ultramodern), **ultracunoscut** (very well known)

12.2.3 | Verbs

de-, des-, dez-:	**decoji** (peel), **descălța** (take one's shoes off), **dezbina** (divide)
în-, îm-:	**îmbina** (combine), **încălța** (put one's shoes on)
răs-, răz-:	**răsfăța** (spoil), **răzgândi** (change one's mind)
re-:	**reuni** (reunite), **rescrie** (rewrite)
auto-:	**autoservi** (self-service), **autosusține** (self-sustain)
co-, con-:	**conlucra** (collaborate), **cofinanța** (co-fund)
sub-:	**subjuga** (subjugate), **subestima** (underestimate)
supra-:	**supraestima** (overestimate), **supraalimenta** (overfeed)

12.3 Compound words

12.3.1 Hyphenated words

floarea-soarelui (sunflower), bloc-turn (tower block), câine-lup (German shepherd), redactor-şef (chief editor), prim-ministru (prime minister), nu-mă-uita (forget-me-not), dus-întors (return ticket/round trip ticket), papă-lapte (softy).

12.3.2 Non-hyphenated words

binefăcător (benefactor), bunăstare (welfare), atoateştiutor (omniscient), atotputernic (almighty), bunvenit (welcome, noun).

Part 2

Language functions

Chapter 13
Socializing

13.1 General greetings

13.1.1 Meeting someone

13.1.1.1 Informal

Bună!	Hi!
Ciao!	Ciao! (regional!)
Servus!	Hello! (regional)
Noroc!	Hello! (regional)
Salut!	Hi!

Frequently used with friends, close family and colleagues. Use the same greeting in reply.

13.1.1.2 Formal

Salutări!	Greetings!
Respectele mele!	My respects! (for men to men or men to women)
Să trăiţi!	May you live long! (for men to men, or in the army)
Sărut mâna!	Kiss your hand!

Sărut mâna is used only by men addressing women or by younger people addressing older people, especially older ladies.

The reply to the formal greetings is normally the same greeting, apart from Sărut mâna where the lady will reply by saying simply Bună ziua (see section 13.1.3).

13.1.2 Taking leave

13.1.2.1 Informal

Pa!	Bye!
Ciao!	Bye!
Te pup!	Kisses!
Servus!	Bye!
Pe mai târziu!	See you later!
Pe mâine!	See you tomorrow!
Mai vorbim!	Speak later!
Ne mai vedem!	See you later!
Ne auzim!	Speak later! (especially on the phone)

13.1.2.2 Formal

Salutări!	Greetings!
Toate cele bune!	All the best!
Numai bine!	All the best!
La revedere!	Goodbye!
Respectele mele!	My respects! (men to men or men to women)
O zi plăcută!	Have a nice day!

In more formal situations, when someone announces their departure, they would say:

Vreau să-mi iau la revedere.
I want to say goodbye.

13.1.3 Greetings according to the time of day

Bună dimineaţa!	Good morning!
'Neaţa!	Morning! (v. informal)
Bună ziua!	Good afternoon!
Bună seara!	Good evening!
Noapte bună!	Good night!

13.1.4 Welcoming

Bine aţi venit!
Welcome! (The reply to this greeting is: **Bine v-am găsit!**)

Bun-venit!
Welcome!

Ne face plăcere să vă revedem!
It is a pleasure to see you again!

Simţiţi-vă ca acasă!
Make yourselves at home!

Faceţi-vă comozi!
Make yourselves at home!

Ne bucurăm să vă avem ca oaspeţi!
It is a pleasure for us to have you as our guests!

E o onoare să vă revedem!
It is an honour to see you again.

13.1.5 Attracting attention

If one needs to attract someone's attention in the street or in a shop, the
following can be used:

Scuzaţi-mă!	Excuse me!
Mă scuzaţi!	Excuse me!
Scuzaţi!	Excuse me!
Nu vă supăraţi!	Sorry to bother you!
Fiţi amabil/ă!	Sorry to bother you!
Se poate?	May I?
Dacă se poate?	If I may?
Deranjez?	I hope I am not bothering you.
Îmi daţi voie?	May I?
Îmi permiteţi?	May I?
Vă rog!	Please!
Domnule!	Sir!
Doamnă!	Madam!

Domnişoară!	Miss!
Pot să vă pun o întrebare?	May I ask you a question?

13.1.6 *Warning*

Atenţie!	Attention!
Interzis!	Forbidden!
Intrarea oprită!	No entry!
Accesul oprit!	No access!
Stop!	Stop!
Păstraţi liniştea!	Keep quiet!
Avertisment!	Warning!
Parcarea interzisă!	No parking!
Fumatul interzis!	No smoking!
Nu călcaţi iarba!	Do not walk on the grass!
Oprirea interzisă!	No stopping!
Lift defect!	Lift out of order!
Pericol de moarte!	Danger of death!
Atenţie! Câine rău!	Beware of the dog!

13.2 *Seasonal greetings*

Paşte fericit!	Happy Easter!
Crăciun fericit!	Merry Christmas!
Felicitări!	Congratulations!
Urări de bine!	Best wishes!
Toate cele bune!	All the best!
La mulţi ani!	Happy Birthday!/Happy New Year!
Hristos a înviat!	Easter greeting meaning: Christ has risen!
Adevărat a înviat!	Answer to the above, meaning: He is risen indeed!

13.3 Good wishes and congratulations

Multă sănătate!	May you be healthy!
Noroc!	Good luck!
Baftă!	Good luck!
Succes!	Good luck!
Casă de piatră!	May you have a successful marriage!
Să fie într-un ceas bun!	Hope it goes well for you!
Să trăiască!	May he/she live long!
Să fie fericit(ă)!	May he/she be happy!
Să crească mare!	May he/she grow strong!
Să fie sănătos(ă)!	May he/she be healthy!
Să aibă noroc!	May he/she be lucky!
Să vi se împlinească toate dorinţele!	May all your wishes come true!
Mult noroc şi fericire!	Lots of luck and happiness!
Drum bun!	Safe journey!
Călătorie plăcută!	Have a nice trip!
Să aveţi o vacanţă plăcută!	Have a nice holiday!
Să aveţi grijă de voi!	Take care of yourselves!
Să vă simţiţi bine!	Have a good time!
Să aveţi parte numai de bine!	Have a great time!
Să vă păzească Dumnezeu!	God be with you!
Domnul să aibă grijă de voi!	God be with you!
Mergeţi cu Dumnezeu!	God be with you!
Condoleanţe!	My condolences!
Sunt alături de tine.	I am thinking of you.
Toate cele bune!	All the best!

13.4 Introductions

a face cunoştinţă	to meet someone
a prezenta pe cineva altcuiva	to introduce some to someone else
a se prezenta	to introduce oneself

13.4.1 *Presenting someone*

Vă prezint studenţii de la engleză!
Let me introduce the students of English to you!

V-o prezint pe mama mea!
Let me introduce my mother to you!

Daţi-mi voie să mă prezint!
May I introduce myself?

Am onoarea să vi-l prezint pe Domnul director Popescu!
I have the pleasure to introduce Mr Popescu, the manager, to you.

13.4.2 *Replies*

Încântat!	Nice to meet you.
Şi mie!	Nice to meet you too!
Îmi pare bine!	Nice meeting you!
Onorat!	Honoured!
Îmi face plăcere să vă cunosc!	It is a pleasure to meet you!
Mă bucur să vă cunosc!	I am happy to meet you!

13.5 Forms of address

13.5.1 *Informal*

tu	you (sing.)
voi	you (pl.)
dumneata	you (informal, but respectful)
mata	you (informal, but respectful)
Dragă!	Dear!

Dragilor!	My dears!	**Forms of address**
Scumpo!	Sweetheart! (f.)	
Scumpule!	Sweetheart! (m.)	
Fraţilor!	Friends!/Guys!/Buddies!	
Copii!	Kids!	
Frate!	My friend!	

13.5.2 Formal

Dumneavoastră!	You (very formal)
Doamnă!	Madam!
Domnule!	Sir!
Domnişoară!	Miss!
Doamnelor şi domnilor!	Ladies and Gentlemen!
Domnule preşedinte!	Mr President!
Domnule doctor!	Doctor!
Domnule profesor!	Professor!
Doamnă avocat!	Madam lawyer!
Doamnă profesoară!	Miss! (with teachers)

13.5.3 Very formal

Excelenţa voastră!	Your excellency! (high government official)
Sfinţia voastră!	Your holiness! (clergyman)
Eminenţa voastră!	Your eminence! (bishop)
Alteţa voastră!	Your highness! (royal)
Maiestatea voastră!	Your Majesty! (king/queen)
Domnia voastră!	Your highness! (very formal)
Domniile voastre!	Your highnesses! (very formal)

13.5.4 Titles

Doamna Popescu	Mrs Popescu
D-na Popescu	Mrs Popescu (in writing)
Domnul Popescu	Mr Popescu
D-l Popescu	Mr Popescu (in writing)
Domnişoara Popescu	Miss Popescu
D-ra Popescu	Miss Popescu (in writing)
Domnul inginer Ionescu	Mr Ionescu (an engineer)
Doamna avocat Ionescu	Mrs Ionescu (a lawyer)
Domnul ministru de externe	Foreign affairs minister
Doamna ministru al culturii	Madam minister of culture

13.5.5 Family

Mama!	Mum/Mother!
Mămico!	Mummy!
Mămicuţo!	Mummy!
Mami!	Mummy!
Tata!	Dad/Father!
Tăticule!	Daddy!
Tăticuţule!	Daddy!
Tati!	Daddy!
Mătuşo!	Aunt!
Mătuşico!	Auntie!
Unchiule!	Uncle!
Bunico!	Grandmother/Grandma!
Mamaie!	Grandma!
Bunicule!	Grandfather/Grandad!
Tataie!	Grandpa!
Buno!	Granny!
Bunule!	Grandad!

Bunicuţo!	Granny!
Bunicuţule!	Grandad!

13.6   Talking about one's health

13.6.1   *General conversation*

13.6.1.1   Questions

Cum te simţi?	How are you? (informal)
Cum vă simţiţi?	How are you? (plural)
Cum stai cu sănătatea?	How is your health? (informal)
Te mai doare ... ?	Is ... still hurting you? (informal)
Vă mai doare ... ?	Is ... still hurting you? (plural)
Cum merge?	How is it going?
Ce e nou?	What's the latest?

13.6.1.2   Answers

Mă simt bine.	I feel all right.
Mă simt rău.	I feel sick.
Nu mă simt prea bine/grozav.	I don't feel very well.

13.6.2   *At the surgery*

13.6.2.1   Questions

Ce probleme aveţi?	What is the problem?
Ce vă doare?	Where is the pain?
Aveţi greţuri/dureri de cap/ameţeli?	Do you have nausea/headaches/dizzy spells?

| 13.6.2.2 | Answers |

Mă doare capul.	I have a headache.
Mă dor picioarele.	My feet hurt.
Nu pot să respir bine.	I can't breathe.
Mă sufoc.	I can't breathe/I'm suffocating.
Am temperatură.	I have a temperature.
Mă simt rău.	I feel sick.

| 13.6.3 | *Doctor's orders* |

Dezbrăcaţi-vă!	Get undressed!
Respiraţi adânc!	Breathe deeply!
Deschideţi gura!	Open your mouth!
Întindeţi-vă!	Lie down!
Vă rog să vă relaxaţi!	Relax!
Trebuie să vă iau tensiunea.	I have to take your blood pressure.
Trebuie să faceţi analize de sânge.	You have to take blood tests.
Vă prescriu o medicaţie.	I will prescribe medication.
Luaţi ...	Take ...
... două tablete de trei ori pe zi.	... two tablets three times a day.
... trei linguriţe de sirop la patru ore.	... three teaspoons of syrup every four hours.
... o tabletă numai când vă simţiţi rău.	... one tablet only when you don't feel well.
Odihniţi-vă cât mai mult!	Rest as much as possible!
Ţineţi o dietă!	Go on a diet!
Faceţi sport	Exercise!

Talking about the weather

Vremea e bună.	The weather is good.
Va ploua.	It will rain.
Va ninge.	It will snow.
Va fi vânt puternic.	There will be strong winds.
Așteptăm o furtună.	We are expecting a storm.
Timpul se va strica în următoarele zile.	The weather will get worse in the next few days.
E frig.	It is cold.
E cald.	It is hot.
E zăpușeală.	It is sticky.
E răcoare.	It is cool.
Plouă.	It is raining.
Va fi însorit.	It will be sunny.
Va fi înorat.	It will be cloudy.
Vremea se va încălzi.	The weather will get warmer.
Vremea se va răci.	The weather will get colder.
Sunt inundații.	There are floods.
Plouă cu găleata.	It's raining cats and dogs./It's pouring!
Picură.	It is spitting/drizzling.
Toarnă.	It is pouring down.

13.8 Directions

13.8.1 *Questions and answers*

Cum ajung la ...?	How do I get to ... ?
Unde este ...?	Where is ... ?
Luați un autobuz!	Take a bus!
Mergeți drept înainte!	Go straight ahead!
Luați-o la dreapta/stânga!	Go right/left

După colț.	Round the corner.
Teatrul e la 200 de metri.	The theatre is 200 metres away.
Traversați podul/ strada/piața.	Cross over the bridge/the road/the square.
Mergeți până la semafor/ la intersecție.	Go as far as the traffic lights/ the junction.
Faceți a doua la stânga.	Take the second road on the left.
Hotelul este între piață și pod.	The hotel is between the square and the bridge.
Magazinul este după blocuri.	The shop is behind the blocks of flats.
Cinematograful este pe dreapta/pe stânga.	The cinema is on the right/the left.

13.8.2 *General conversation*

De unde ești/sunteți?	Where are you from?
Unde mergi/mergeți?	Where are you going?
Unde locuiești/locuiți?	Where do you live?
Care e adresa ta/ voastră/dumneavoastră?	What is your address?
La ce număr locuiești?	What is your street number?
Pe ce stradă locuiești?	What street do you live on?
Unde se află București?	Where is Bucharest?
Unde lucrezi/lucrați?	Where do you work?
Unde mergi/mergeți în vacanță?	Where do you go on holiday?
Veniți des aici?	Do you come here often?
Sunteți pentru prima oară aici?	Are you here for the first time?

13.9 Making excuses

Îmi pare rău!	I am sorry!
Îmi cer scuze!	I apologize!
Îmi pare foarte rău!	I am really sorry!
Regret.	I regret.
Sunt dezolat.	I am terribly sorry.
Sunt dezamăgit.	I am disappointed.

13.10 At the table

Poftă bună!	Enjoy your meal!
Mulţumesc/mulţumim pentru masă.	Thank you for the meal.
Să vă fie de bine!	I hope you enjoyed it.
Vă rog, serviţi!	Please, help yourselves!

At the end of the meal, if you want to charm the hostess, you can say the following rhyme.

Mulţumim pentru masă	Thank you for the meal
C-a fost bună şi gustoasă	As it was delicious
Şi bucătăreasa frumoasă!	And the cook beautiful!

Chapter 14

Exchanging factual information

14.1 Identifying people

14.1.1 Identity

Cine e?	Who is it?
Cum se numeşte el/ea?	What is his/her name?
Cine e domnul/doamna?	Who is the lady/the gentleman?
Cine sunt …?	Who are …?
Care e …?	Which one is …?
Care sunt …?	Which ones are …?
Cum e …?	What is … like?
E …	He/she is …
Ce fel de persoană e …?	What sort of person is …?

14.1.2 Ownership

A cui e haina asta?	Whose is this coat?
Ale cui sunt genţile de acolo?	Whose are these bags?
Al cui e pardesiul?	Whose is this coat?
Ai cui sunt ochelarii de aici?	Whose are these glasses?
Cui aparţine …?	To whom does … belong?
E a lui/ a ei.	It is his/hers.
Sunt ai lui/ale ei.	They are his/hers.

Haina e a domnului Popescu.	The coat is Mr Popescu's.	Identifying things
Pălăria e a domnei Popescu.	The hat is Mrs Popescu's.	

14.1.3 *Profession, occupation*

Ce faceți dumneavoastră?	What do you do for a living?
Cu ce vă ocupați?	What is your job?
Unde lucrați?	Where do you work?
Pentru cine lucrați?	Who do you work for?
La ce companie/firmă lucrați?	Which company do you work for?
Unde sunteți angajat?	Where do you work?
Ce profesie aveți?	What is your profession?
Ce meserie aveți?	What is your trade?
În ce sunteți specializat?	What do you specialize in?
Ce post aveți?	What is your position?
Lucrez la firma Orange.	I work for Orange.
Sunt inginer.	I am an engineer.
Sunt pensionar/pensionară.	I am retired.
Sunt student/studentă la facultatea de filologie.	I am a student in philology.
Sunt elev/elevă la liceul de matematică.	I am a pupil at the mathematics high school.

14.2 Identifying things

Ce e asta/aia? (informal)	What is this/that? (f.)
Ce e ăsta/ăla? (informal)	What is this/that? (m.)
Ce sunt astea/alea? (informal)	What are these/those? (f.)
Ce sunt ăștia/ăia? (informal)	What are these/those? (m.)
Ce carte e asta?	What book is this?

Ce muzeu e acela?	What museum is that?
Cum e prăjitura?	How is the cake?
E bună/rea.	It is good/bad.
Din ce e făcută?	What is it made of?
Ce are în ea?	What does it have in it?
Cum e făcută?	How is it made?
Cum se face asta?	How is this made?
Vreau florile acelea.	I'd like those flowers.
Vreau casa aceasta.	I'd like that house.
Vreau pantofii aceia.	I'd like those shoes.
Vreau ghidul acesta.	I'd like that guide.

14.2.1 *Expressing the time*

Cât e ceasul?	What is the time?
Cât e ora?	What is the time?
Ce oră e?	What is the time?
La ce oră mergem la cinema?	What time do we go to the cinema?
La cât începe spectacolul?	What time does the show start?
Când ne întâlnim?	What time are we meeting?
E ora cinci fix.	It is 5 o'clock sharp.
E ora şase şi jumătate.	It is half past six.
E ora unu fără un sfert.	It is a quarter to one.
E ora două şi un sfert.	It is a quarter past two.
E ora unsprezece şi cinci minute.	It is five past eleven.
E ora trei fără zece.	It is ten to three.
dimineaţa	a.m./in the morning
după masa	p.m./in the afternoon
seara	p.m./in the evening

noaptea	p.m./in the night
la ...	at
de la ... la ...	from ... to ... /between

De la cinci la şase mergem la sala de sport.
We go to the gym between 5 and 6.

14.3 Asking for information

Nu vă supăraţi, la ce oră pleacă trenul de Bucureşti?
Would you mind telling me when the train to Bucharest leaves?

De la care peron pleacă?
From which platform does it leave?

La ce oră ajunge?
What time does it arrive?

Ştiţi la care staţie trebuie să cobor pentru Casa Poporului?
Do you know which station I need to get off at for the People's Palace?

Puteţi să-mi oferiţi informaţii legate de vizitarea muzeelor din România?
Could you give me information on museums in Romania?

Vreau un bilet dus-întors la Constanţa.
I would like a return/round trip ticket to Constanţa.

Vreau zece călătorii de autobuz.
I would like ten single tickets for the bus.

Cât costă camera la hotel?
How much is a hotel room?

Unde pot să iau micul dejun?
Where can I have breakfast?

Unde este un magazin de discuri?
Is there a record shop near here?

Cât durează călătoria până la mare?
How long does it take to get to the seaside?

Cât de departe e staţia?
How far is the station?

14.4 Offering information

Pot să vă ajut cu ceva?
Can I help you?

Ce doriţi?
How can I help you?

Unde vreţi să ajungeţi?
Where would you like to go?

Ce doriţi să luaţi la micul dejun?
What would you like for breakfast?

La ce oră doriţi să fiţi trezit?
What time would you like to be woken?

Dacă doriţi, putem să vă ajutăm să găsiţi adresa.
If you like, we can help you find the address.

Veniţi cu mine!
Come with me!

Pot să vă arăt unde este.
I can show you where it is.

14.5 Reporting, narrating

In Romanian the verbal tense does not change in indirect speech as the
examples below show. The verbs below are the most common verbs used
in indirect speech.

a nara (to tell a story, to narrate)

Am narat evenimentul exact cum s-a întâmplat.
I told the story exactly as it happened.

a povesti (to tell)

Mi-a povestit despre vacanţa de vară!
She/he told me about her/his summer holiday.

a spune (to say)

A spus că trenul va întârzia.
He/she told me that the train would be late.

a raporta (to report)

Soldatul a raportat mai departe ordinele superiorului.
The soldier reported further the orders of his superior.

a declara (to declare)

**Ieri martorul accidentului a declarat că maşina mergea cu
viteză ilegală.**
The witness to the accident declared yesterday that the car was going
at an illegal speed.

a critica (to criticize)

**Ministrul a criticat în ziare atitudinea delăsătoare a
personalului medical.**
The minister criticized in the newspapers the attitude of the medical
staff.

a adăuga (to add)

Şeful poliţiei a adăugat că ordinea va fi reinstaurată.
The head of the police added that the order would be reinstated.

a întreba (to ask)

Reporterul a întrebat când va avea loc şedinţa.
The journalist asked when the meeting would take place.

a comenta (to comment)

Ieri ziarele au comentat în legătură cu noile alegeri.
The newspapers commented yesterday on the new elections.

a afirma (to affirm)

**Într-un interviu dat publicităţii, domnul ministru a afirmat că
economia este în creştere.**
The minister declared in a published interview that the economy is
growing.

a informa (to inform)

Agenţia de ştiri ne-a informat că vom avea alegeri anticipate.
The news agency informed us that we would have early elections.

a transmite (to transmit)

**Corespondentul de la Londra a transmis ştirile legate de
exploziile din metrou.**
The London correspondent sent us the news regarding the explosions
in the underground.

a asigura (to asure)

Am fost asiguraţi că vacanţa va fi foarte plăcută.
We have been assured that the holiday will be very pleasant.

14.6 Letter writing

14.6.1 Opening phrases

14.6.1.1 Informal

Dragă Ema,	Dear Emma,
Dragă Claudiu,	Dear Claude,
Dragii mei,	My dears, (m.)
Dragele mele,	My dears, (f.)
Draga mea prietenă,	My dear friend, (f.)
Dragul meu frate,	My dear brother,
Salut, Cătălina!	Hi, Cătălina!
Bună, Teodor!	Hi, Theodore!
Dragostea mea,	My love,
Iubirea mea,	My love,

14.6.1.2 Formal

Stimate domnule Popescu,	Dear Mr Popescu,
Stimată Doamnă Popescu,	Dear Mrs Popescu,
Stimați colegi,	Dear colleagues, (m. or mixed)
Stimate colege,	Dear colleagues, (f.)
Stimate cliente,	Dear customers, (f.)
Stimați clienți,	Dear customers, (m. or mixed)
Stimate domnule,	Dear Sir,
Stimați domni,	Dear Sirs,

14.6.2 | Closing phrases

14.6.2.1 | Informal

Te pup.	Kisses.
Sărutări!	Kisses!
Îmbrăţişări!	Hugs!
Cu drag, Ivona	Love, Ivona
Pe curând!	See you soon!
Abia aştept să te văd.	I am looking forward to seeing you!
Cu dragoste,	With all my love,

14.6.2.2 | Formal

Cu stimă,	Sincerely/faithfully,
Cu respect,	Respectfully,
Cu consideraţie,	Respectfully,

14.6.3 | Examples of letters

14.6.3.1 | Formal

6 martie 2006

Stimate domnule Lupu,

Vă scriu în legătură cu rezervarea camerei la hotel pe care aţi făcut-o săptămâna trecută.

Vă anunţăm cu regret că din cauza unei inundaţii, nu putem să vă cazăm la hotelul nostru. Vă vom rambursa în întregime suma depusă în contul nostru.

Vă suntem recunoscători pentru înţelegere.

Ne cerem scuze şi sperăm că veţi mai apela la serviciile noastre.

Cu stimă,

Preşedinte Ionescu Virgil

March 6th, 2006

Dear Mr Lupu,

I am writing to you with regard to the hotel room reservation you made last week. We regretfully inform you that due to a flood, we are unable to accommodate you in our hotel. We will reimburse the entire amount you have paid us.

Thank you for your understanding.

We apologize, and hope to have you as a customer again.

Yours sincerely,

Virgil Ionescu

Hotel Manager

14.6.3.2 Informal

Dragă Carmen,

Am ajuns cu bine la Tallinn. Mă simt minunat aici. Stau la un hotel ieftin şi bun. Mă gândesc adesea la tine şi regret că nu eşti aici.

Ne vedem în curând.

Te pup, Irina

Dear Carmen,

I arrived safely in Tallinn. I am having a great time here. I am staying in a cheap but nice hotel. I think of you a lot and am sorry that you are not here with me.

See you soon.

Love,

Irina

Chapter 15

Expressing opinions and attitudes

15.1 Agreement and disagreement

15.1.1 *Questions*

Ce crezi/credeţi?	What do you think?
Ce crezi despre ce ţi-am spus?	What do you think about what I said?
Ce părere ai?	What is your opinion?
Ce opinie ai?	What is your opinion?
Care e părerea/opinia ta?	What is your opinion?
Cum vrei să procedezi?	How do you want to proceed?
Ce soluţie ai?	What is your solution?
Eşti/sunteţi de acord?	Do you agree?
Nu eşti/sunteţi de acord?	Do you disagree?
E bine pentru tine?	Is this good for you?
E rău pentru tine?	Is this bad for you?
Aprobi/aprobaţi?	Do you approve of it?
Dezaprobi/dezaprobaţi?	Do you disapprove of it?
Ai vreo obiecţie?	Do you have any objection?
Ai ceva de obiectat?	Do you have anything to object to?
Ai ceva împotriva ideei să ...?	Do you have something against the idea of ...?
Eşti pro?	Are you in favour?
Eşti împotrivă?	Are you against this?

Eşti contra?	Are you against?
Te opui?	Do you oppose this/object?

15.1.2 Replies expressing agreement

Bine.	Good. OK.
Foarte bine.	Very good.
De acord.	I agree.
E în regulă.	It is OK.
Sunt de acord.	I agree.
Ce idee bună!	What a good idea!
Şi eu cred aşa.	I think so too.
Asta e ce cred eu.	This is what I think.
Asta e opinia mea.	This is my opinion.
Sunt cu totul de acord.	I agree entirely.

15.1.3 Replies expressing disagreement

Nu.	No.
În nici un caz.	No way.
Nici vorbă.	No way.
Nici gând.	No way.
Nici nu se pune problema.	It is out of the question.
Exclus.	Out of the question.
Absolut nu!	Absolutely not!
Nu sunt de acord.	I do not agree.
Mă opun.	I oppose this/I object.
Obiectez.	I object.
Nu se poate.	It is not possible.
Doamne fereşte!	God forbid!

15.2 Remembering something or someone

15.2.1 Questions

Îţi aminteşti/vă amintiţi de ...?	Do you remember ...?
Îţi aminteşti de anii de şcoală?	Do you remember your/our school years?
Îţi aminteşti de bunicul meu?	Do you remember my grandad?
Nu îţi aminteşti/vă amintiţi de ...?	Do you not remember ...?
Ai uitat/aţi uitat de ...?	Have you forgotten ...?
Ai uitat de întâlnire/şedinţă?	Have you forgotten about the meeting?
Ai uitat-o pe prietena ta Maria?	Have you forgotten your friend Maria?
O ţii minte pe Andreea?	Do you remember Andreea?

15.2.2 Answers

Da, îmi amintesc.	Yes, I remember.
Îmi amintesc foarte bine de ...	I remember ... very well.
Ţin minte.	I remember.
Nu îmi amintesc.	I do not remember.
Nu îmi amintesc deloc.	I do not remember at all.
Am o idee vagă.	I have a vague idea.
Am habar.	I have a vague idea.
N-am nici o idee.	I have no idea.
N-am habar.	I have no idea at all.
Habar n-am.	I have no idea at all.
M-a lăsat memoria.	My memory fails me.
Am un lapsus.	I have a mental blank.
Nu mai ţin minte.	I do not remember.

15.3 Possibility and probability

15.3.1 *Questions*

Se poate să …?	Is it possible to …?
Pot să …?	Can I …?/May I …?
Puteţi să …?	Can you …?
E posibil să …?	Is it possible to …?
Există posibilitatea să …?	Is there a possibility to …?
S-ar putea să mă ajutaţi?	Could you help me?
Vă aşteptaţi să …?	Do you expect to …?

15.3.2 *Answers expressing possibility*

Da, se poate.	Yes, it is possible.
Da, e posibil.	Yes, it is possible.
Da, pot.	Yes, I can.
S-ar putea.	It is possible.
Poate.	Maybe.
Probabil.	Probably.
E probabil.	It is probable.
E posibil să …	It is possible to …
E probabil că …	It is probable that …
Mă aştept să …	I expect to …

15.3.3 *Answers expressing impossibility, unlikelihood*

Nu, nu se poate.	It is not possible.
Nu, nu e posibil.	It is not possible.
Nu, nu pot.	No, I can't.
Nu cred.	I don't think so.
Poate da, poate nu.	Maybe, maybe not.
E improbabil.	It is unlikely.

Nu e probabil.	It is not likely.
Nu e posibil să …	It is not possible to …
Nu e probabil că …	It is not likely that …
Nu mă aştept să …	I do not expect to …
Nu mă aştept la nimic.	I do not expect anything.

15.4 Incomprehension and clarification

15.4.1 Incompehension

Nu înţeleg.	I do not understand.
Nu înţeleg deloc.	I do not understand at all.
Nu pricep.	I do not get it.
Nu mă prind.	I do not get it. (coll.)
Nu înţeleg nimic.	I do not understand anything.
E complet neclar.	It is totally unclear.
Nu e clar deloc.	It is not clear at all.
Nu e logic.	It is not logical.
E ilogic.	It is illogical.

15.4.2 Clarification

Poţi să repeţi?	Can you repeat? (informal)
Puteţi să repetaţi?	Can you repeat? (formal)
Mai spune o dată!	Say that again, please! (informal)
Mai spuneţi o dată!	Say that again, please! (formal)
Poftim?	Sorry?
Ce ai spus?	What did you say?
N-am înţeles!	I did not understand.
Cum?	What? (coll.) What is that?
Ce?	What? (coll.)
Poţi să explici mai bine?	Can you explain better?

Poţi să clarifici mai mult?	Can you clarify more?
Fii mai clar!	Be clearer!

15.5 Certainty and uncertainty

15.5.1 Certainty

Sunt sigur/sigură.	I am sure.
Sunt convins/convinsă.	I am convinced.
Sigur că da.	Of course.
Clar că da.	Of course.
Clar că e aşa.	Of course it is like this.
E clar.	It is clear.
E sigur.	It is sure.
E foarte sigur.	It is very certain.
E sută la sută.	It is one hundred per cent.
E cert.	It is sure.
N-am nici o îndoială.	I have no doubt.
N-am nici un dubiu.	I have no doubt.

15.5.2 Uncertainty

Nu e clar.	It is not clear.
Nu e sigur.	It is not sure/certain.
Nu sunt sigur/sigură.	I am not sure.
Nu sunt convins/convinsă.	I am not convinced.
Mă îndoiesc.	I doubt it.
Am îndoieli.	I have doubts.
Am dubii.	I have doubts.
Nu e cert.	It is not certain.

Chapter 16
Judgement and evaluation

16.1 Expressing pleasure or liking

Îmi place ... + sing.	I like ...
Îmi place cafeaua.	I like coffee.
Îmi plac ... + pl.	I like ...
Îmi plac florile.	I like flowers.
Prefer ...	I prefer ...
Iubesc ...	I love ...
Ador ...	I adore ...
Mă bucură ...	It makes me happy ...
Mă încântă ...	I find it enchanting ...
Am plăcerea să ...	I have the pleasure to ...
Am plăcerea să vă prezint noua noastră clădire.	I have the pleasure to show you our new building.
Plăcerea e de partea mea.	The pleasure is mine.
Cu plăcere.	With pleasure.
Cu multă plăcere.	With great pleasure.
Ce plăcere!	What a pleasure!
Ce superb!	How superb!
Ce minunat!	How wonderful!
Ce incredibil!	How incredible!
Ce mişto! (very coll.)	How cool!
Ce ca lumea! (very coll.)	How wicked!

16.2 Expressing displeasure or dislike

Nu îmi place ... + sing.	I don't like ..
Nu îmi place ceaiul.	I don't like tea.
Nu îmi plac ... + pl.	I don't like ...
Nu îmi plac cartofii.	I don't like potatoes.
Nu îmi prea place ...	I don't really like ...
Nu îmi place deloc ...	I don't like at all ...
Nu mă dau în vânt după ...	I am not crazy about ...
Urăsc ...	I hate ...
Ce groaznic!	How awful!
Ce oribil!	How horrible!
Ce îngrozitor!	How awful!
Ce nasol! (very coll.)	How bad!
Mă enervează.	It annoys me.
Nu suport ...	I can't stand ...
Nu suport să ţipi la mine.	I can't stand you shouting at me.
Mă irită ...	It irritates me ...
Detest ...	I detest ...

16.3 Enquiring and expressing interest

16.3.1 Questions

Vreau să întreb ceva.	I want to ask something.
Pot să întreb ceva?	May I ask something?
Îţi place ...?	Do you like ...? (informal)
Vă place ...?	Do you like ...? (formal)
Vrei ...?	Do you want ...? (informal)
Vreţi ...?	Do you want ...? (formal)
Doreşti ...?	Do you want ...? (informal)
Doriţi ...?	Do you want ...? (formal)

Te/vă interesează ...?	Are you interested in/by ...?	
Nu te /vă interesează ...?	Aren't you interested in/by ...?	
Ai vrea ...?	Would you like ...?	
Ai dori ...?	Would you want ...?	
Ai chef de ...? (coll.)	Do you feel like ...?	
Ai chef de un film?	Do you feel like watching a movie?	
Ai chef să ...? (coll.)	Are you up for ...?	
Ai chef să mergem la un film?	Are you up for a movie?	
Ai poftă de ...? (with nouns)	Do you feel like ...? (esp. with food)	
Ai poftă să ...? (with verbs)	Do you feel like ...?	
Asta îți trezește curiozitatea?	Does this interest you?	

16.3.2 | Replies

Da, mă interesează.	Yes, it interests me.
Sunt interesat/interesată de ...	I am interested in/by... (passive construction)
Sunt interesat de oferta dvs.	I am interested in/by your offer.
Sunt interesat să ...	I am interested in/to ... (active construction)
Sunt interesat să vizitez Castelul Peleș.	I am interested in visiting Peles Castle.
Am chef de o plimbare.	I feel like going for a walk.
Sunt curios/curioasă să văd noua ta casă.	I am curious to see your new house.
Nu mă interesează.	It does not interest me.
Nu am chef de nimic azi.	I don't feel like doing anything today.
Nu mă interesează.	It is of no interest to me.
Nu îmi pasă.	I don't care.

Mi-e paralel. (slang)	It is all the same to me.
Mi-e tot una.	It is all the same to me.
Mi-e indiferent.	It is all the same to me.

16.4 Expressing surprise

Ce surpriză!	What a surprise!
Ce surpriză plăcută!	What a pleasant surprise!
Ce grozav!	How wonderful!
Ce frumos!	How beautiful!
Ce interesant!	How interesting!
Ce drăguţ!	How nice!
Nu-mi vine să cred.	I can't believe it!
E incredibil!	It is incredible!
Nu se poate!	That's impossible!
E surprinzător!	It is surprising!
Doamne!	Oh God!
Doamne Dumnezeule!	Good God!
Doamne Sfinte!	Dear God!
Vai!	Oh!
Vai de mine!	Oh, dear me!
Aaaaa!	Wow!
Ce veste bună!	What good news!

16.5 Expressing hope

Sper!	I hope!
Sper din tot sufletul!	I hope so with all my heart!
Sper din toată inima!	I hope so with all my heart!
Să dea Dumnezeu!	God willing!
Aşa să fie!	So be it!
Îţi ţin pumnii!	Fingers crossed!

Baftă!	Good luck!	
Noroc!	Good luck!	
Ce mult aş vrea asta!	I want this so much!	
Ar fi atât de frumos dacă ...	It would be so nice if ...	
Doamne fereşte să se întâmple una ca asta!	God forbid such a thing to happen!	
Să ne ferească Dumnezeu de aşa ceva!	May God protect us from such a thing!	

16.6 Expressing satisfaction and dissatisfaction

Eşti satisfăcut/-ă?	Are you satisfied? (informal)
Te bucuri?	Are you happy? (informal)
Vă bucuraţi?	Are you happy? (formal)
Îţi pare bine?	Are you glad? (informal)
Eşti mulţumit/-ă?	Are you pleased? (informal)
Eşti nesatisfăcut/-ă?	Are you dissatisfied? (informal)
Te mulţumeşte ajutorul primit?	Are you satisfied with the help you received? (informal)
Te nemulţumeşte ajutorul primit?	Are you dissatisfied with the help you received? (informal)

16.7 Expressing approval and disapproval

16.7.1 Questions

Eşti/sunteţi de acord?	Do you agree?
Vreţi să faceţi asta?	Do you want to do this?
Nu eşti/sunteţi de acord?	Do you disagree?
E bine aşa?	Is it OK like this?
Nu e bine aşa?	Is it not OK like this?
Eşti/sunteţi de aceeaşi părere?	Are you of the same opinion?

191

16.7.2 Replies expressing assent

Da, sunt de acord.	Yes, I agree.
E bine aşa.	It is OK like that.
Bineînţeles!	Of course/Certainly!
Desigur!	Of course/Certainly!
Fireşte!	Of course/Certainly!
Foarte bine!	Very well!
Bravo!	Well done!
Felicitări!	Congratulations!
E perfect!	It is perfect!
Continuă tot aşa!	Keep up the good work!
Ţine-o tot aşa! (coll.)	Keep it up!

16.7.3 Replies expressing dissent

Nu, nu sunt de acord.	No, I don't agree.
Bineînţeles că nu.	Of course not/Certainly not!
Sigur că nu.	Of course not/Certainly not!
Nu poate fi aşa.	It cannot be like that.
E prost!	It is bad!
E rău!	It is bad!
Nu merge bine!	It does not go well.
Merge prost.	It goes badly.
Trebuie să schimbăm ceva.	We need to change something.
Nu se poate!	It is not possible.
Nicidecum!	No way!

Expressing preference

16.8.1 *Questions*

Preferi să ...?	Do you prefer to ...? (informal)
Preferaţi să ...?	Do you prefer to ...? (formal)
Ai prefera să ...?	Would you prefer to ...? (informal)
Aţi prefera să ...?	Would you prefer to ...? (formal)
Vrei să ...?	Do you want to ...?
Ai vrea să faci altceva în loc de asta?	Would you prefer to do something else instead of this?
Care îţi place cel mai mult?	Which one do you like best?
Pe care o preferi?	Which do you prefer?
Nu ai vrea să ...?	Wouldn't you want to ...?
Nu preferi să ...?	Wouldn't you prefer to ...?

16.8.2 *Replies*

Prefer să ...	I prefer to ...
Mai degrabă vreau asta.	I'd rather have this one. (or: I'd rather do this.)
Mai repede vreau asta.	I'd rather have this one.
Mă atrage mai mult ideea să călătorim.	The idea of travelling attracts/appeals to me more.
Mă gândesc mai mult la o vacanţă la mare.	I am thinking more of a holiday at the seaside.
Nu vreau asta.	I don't want this.
Nu prefer asta.	I don't prefer this.
Nu mă atrage să mergem la munte.	Going to the mountains does not appeal to me.

16.9 **Expressing gratitude, sympathy, appreciation**

16.9.1 *Gratitude*

Mulţumesc!	Thank you!
Mulţumesc foarte mult!	Thank you very much!
Mulţumesc frumos!	Thank you very much!
Îţi rămân dator.	I owe you one.
Îţi sunt obligat.	I am obliged.
Vă sunt recunoscător.	I am grateful.
Vă sunt îndatorat.	I am indebted to you.
Să vă răsplătească Dumnezeu!	May God take care of you!

16.9.2 *Sympathy*

Îmi pare rău!	I am sorry!
Îmi pare foarte rău!	I am really sorry!
Condoleanţe!	Condolences!
Sunt alături de tine/de voi/ de dvs.	I am thinking of you.
Vă trimit cele mai sincere gânduri.	My sincerest thoughts.

16.9.3 *Appreciation*

Bravo!	Well done!
Perfect!	Perfect!
Ce bine!	How wonderful!
Excelent!	Excellent!
Ce frumos!	How beautiful!
Extraordinar!	Extraordinary!
Vă felicit!	I congratulate you!
Sunt mândru de tine/de voi/de dvs.	I am proud of you!
Mă bucur să văd ce bine te descurci.	I am glad to see how well you are doing!

Expressing happiness and unhappiness

16.10.1	*Happiness*

Mă bucur aşa de mult.	I am so glad!
Sunt aşa de bucuros/bucuroasă!	I am so glad!
Mă bucur să văd că ai reuşit la examen.	I am glad to see you passed your exam.
Sunt fericit/fericită.	I am happy!
Sunt în al nouălea cer de fericire.	I am over the moon.
Plutesc de fericire.	I am ecstatic.
Nu-mi mai încap în piele de fericire.	I am overflowing with happiness.
Nu ştiu ce să mai fac de fericire.	I am so happy I don't know what to do with myself.
Îmi vine să plâng de fericire.	I feel like crying for joy.
Îmi dau lacrimile de fericire.	I feel like crying for joy.
Tremur de fericire.	I am delirious with happiness.

16.10.2	*Unhappiness*

Nu-mi vine să cred.	I can't believe it.
Nu pot să cred că s-a întâmplat aşa ceva.	I can't belive such a thing has happened.
Sunt aşa de nefericit/nefericită.	I am so unhappy.
Îmi vine să plâng de supărare.	I feel like crying with sorrow.
Îmi dau lacrimile de supărare.	I feel like crying with sorrow.
Tremur de mânie.	I am shaking with anger.
Sunt negru/neagră de supărare.	I am seething with anger.

16.11   **Apologizing**

Îmi pare rău!	I am sorry!
Îmi cer scuze!	I apologize!
Îmi cer mii de scuze!	I sincerely apologize!
Vă implor să mă iertați!	I beg you to forgive me!
Pardon!	Sorry!
Mă scuzați!	Forgive me!
Regretele mele!	My regrets!
Sper să nu vă supărați, dar trebuie să plec.	I hope you won't mind, but I have to leave.

16.12   **Expressing disappointment, worry, fear**

16.12.1   *Disappointment*

Sunt dezamăgit de ...	I am disappointed by ...
Sunt deziluzionat.	I am disillusioned.
Sunt dezamăgit să ...	I am disappointed to ...
Sunt dezamăgit să aud că ai căzut la examen.	I am disappointed to hear that you failed your exam.

16.12.2   *Worry and fear*

Ți-e teamă de ...?	Are you afraid of ...?
Ți-e teamă de câini?	Are you afraid of dogs?
Ți-e teamă să ...?	Are you afraid to ...?
Ți-e teamă să mergi pe întuneric?	Are you afraid to walk in the dark?
Ți-e frică de ...?	Are you afraid of ...?
Ți-e frică să ...?	Are you afraid to ...?
Ai emoții?	Are you nervous?
Ești emoționat?	Are you nervous?

Eşti preocupat de ceva?	Do you have something on your mind?
Eşti îngrijorat.	You are so worried.
Ai atâtea griji!	You have so many problems!
Ai atâtea pe cap!	You have so many things to do!
Ai ceva pe suflet?	Do you have something on your mind?
Te preocupă ceva?	Is something bothering you?
Vai, ce frică mi-e!	God, I am so scared.
Mi-e frică!	I am scared.
Sunt speriat!	I am scared.
Sunt terorizat!	I am terrorized/obsessed.

16.13 Expressing regret and indifference

16.13.1 Regret

Regret ce s-a întâmplat!	I regret what happened.
Îmi pare rău de ce s-a întâmplat!	I am sorry about what happened.
Dacă ştiam, aş fi făcut ceva.	If I knew, I would have done something about it.
Dacă aş putea, aş da timpul înapoi!	If I could, I would turn back time.

16.13.2 Indifference

Nu are importanţă!	It doesn't matter.
Nu are nicio importanţă!	It doesn't matter at all.
Nu are nici cea mai mică importanţă!	It doesn't matter in the slightest.
Nu contează deloc!	It doesn't matter at all.
Nu importă!	It has no importance.
E totuna.	It is all the same.

197

E la fel.	It is the same.
Mi-e indiferent.	It is all the same to me.
Nu îmi pasă!	I don't care.
Nu e nicio diferenţă!	It makes no difference.
Nu mă interesează!	I don't care about it.
Şi ce dacă!	So what!

16.14 Accusing

E vina ta/voastră/dvs.	It is your fault.
Tu eşti de vină!	You are to blame.
Pe tine te blamez.	I blame you.
E din cauza ta!	It is because of you.
Numai tu poţi să faci aşa ceva!	Only you can do such a thing.
Tu ai făcut asta!	You did this.
Te acuz de furt.	I accuse you of theft.
Te acuz că ai furat.	I accuse you of stealing.
Te consider vinovat.	I blame you.

Glossary of grammatical terms

Accusative   Case denoting the direct object of a sentence.

Adjective   Modifies a noun or a pronoun, attributing a descriptive quality to it.

Adverb   Modifies a verb, an adverb or an adjective, attributing a descriptive quality to it.

Case   Inflected forms of a noun, adjective or pronoun, expressing the semantic relation of the word to other words in the sentence. The five Romanian cases are: Nominative, Accusative, Genitive, Dative, Vocative.

Comparative   Second degree of comparison for adjectives and adverbs, expressing the sense of *less* or *more*.

Conjugation   Forms taken by verbs, denoting tense, person, mood etc.

Conjunction   Used to join clauses, nouns and pronouns together.

Dative   Case that denotes the indirect object of a sentence.

Direct object   A noun or pronoun denoting a person or thing that is directly affected by a transitive verb. It is the answer to the question *whom* or *what?*

Genitive   Case that denotes possession of something.

Impersonal moods   Infinitive, gerund, participle, supine.

Indirect object   A noun or pronoun referring to someone or something that is indirectly affected by the action of a verb. It is the answer to the question *to whom* or *to what?*

Mood   Category of verb expressing fact, command, wish, condition, etc.

Nominative   Case denoting the subject of a sentence.

Noun   Denotes people, places, things or concepts.

Personal moods Indicative, subjunctive, conditional, presumptive, imperative.

Preposition Denotes a relationship between two nouns, or between a noun and a verb.

Pronoun Can replace a noun.

Reflexive Refers to verbs and pronouns where the doer and the recipient are the same.

Superlative Third degree of comparison for adjectives and adverbs, expressing the sense *the most* or *the least* or *very*.

Tense Forms of the verb indicating the time of the action/state expressed by the verb.

Verb Denotes the action or the state of things.

Vocative Case used when addressing someone directly.

Appendix 1

List of verbs

This list of verbs is a general one. The translations give the most basic meaning without any nuances. For multiple meanings and reflexive verbs the readers should use a dictionary. The verbs are listed alphabetically under the three headings that show the correct verb pattern.

-esc verbs

absolvi   to absolve, to graduate

adăposti   to shelter

adeveri   to prove

amăgi   to delude

ameţi   to get dizzy

amorţi   to get numb

aţipi   to fall asleep

batjocori   to mock

bănui   to suspect

bărbieri   to shave

bârfi   to gossip

bolborosi   to mumble

categorisi   to categorize

căi   to repent

călări   to ride

călători   to travel

căli   to temper

căsători   to get married

cerşi   to beg

chefui   to party

cheli   to go bald

cheltui   to spend money

chicoti   to giggle

chinui   to torture

chiuli   to play truant

cicăli   to nag

cinsti   to honour

ciopli   to carve

citi   to read

ciupi   to pinch

cântări   to weigh

cârpi   to patch

clădi   to build

clăti   to rinse

clipi   to blink

clocoti   to boil

coji   to peel

compătimi   to pity

conlocui   to cohabit

construi   to build

converti   to convert

copilări   to spend one's childhood

copleşi   to overwhelm

cuceri   to conquer

dărui   to give a gift

defini   to define

denumi   to name

deosebi   to see a difference

depăşi   to overtake

descâlci   to untangle

despăgubi   to pay compensation

destăinui   to confess

dezamăgi   to disappoint

dezlipi   to unstick

dezmoşteni   to disown

dezobişnui   to grow out of a habit

dezveli   to unveil

dispreţui   to scorn

dobândi   to acquire

domestici   to tame

domoli   to calm down

dori   to wish

dovedi   to prove

duşmăni   to hate

economisi   to save

fâstâci   to blush

feri   to avoid

flămânzi   to starve

foi   to fret

folosi   to use

frunzări   to leaf through

găsi   to find

găti   to cook

găzdui   to host

gândi   to think

glumi   to joke

goli   to empty

goni   to banish

grăbi   to hurry

hrăni   to feed

ieftini   to get cheaper

instrui   to train

intui   to have an intuition

investi   to invest

irosi   to waste

ispiti   to tempt

iubi   to love

izbucni   to burst

îmbătrâni   to age

îmbolnăvi   to fall ill

îmbunătăţi   to improve

împlini	to fulfil	**învinui**	to blame
împotmoli	to get stuck	**jefui**	to rob
împrieteni	to befriend	**jigni**	to offend
încălzi	to heat up	**lămuri**	to clarify
încărunţi	to go grey	**lărgi**	to enlarge
încâlci	to entangle	**lenevi**	to idle
încetini	to slow down	**linguşi**	to flatter
îndeplini	to carry out	**linişti**	to calm down
îndoi	to doubt	**lipi**	to stick, glue
îndrăgi	to grow keen on	**lipsi**	to lack
îndrăgosti	to fall in love	**locui**	to live
îndrăzni	to dare	**logodi**	to get engaged
îndulci	to sweeten	**lovi**	to hit
înflori	to blossom	**măcelări**	to slaughter
îngrămădi	to cram	**mări**	to raise, enlarge
îngriji	to look after	**mărturisi**	to confess
îngrozi	to fill with horror	**mijloci**	to facilitate
înjumătăţi	to halve	**mitui**	to bribe
înlocui	to replace	**mâhni**	to upset
înmulţi	to multiply	**mândri**	to boast
înnebuni	to go mad	**molipsi**	to contaminate
înrăutăţi	to worsen	**moşteni**	to inherit
înroşi	to blush	**mozoli**	to snog
însănătoşi	to get well	**mucegăi**	to grow mouldy
întări	to reinforce	**mulţumi**	to thank
întâlni	to meet	**munci**	to work
întineri	to get younger	**murdări**	to soil
învechi	to age, go stale	**nădăjdui**	to hope
înveseli	to cheer up	**nărui**	to destroy, collapse
învineţi	to bruise	**năvăli**	to invade

necăji   to upset

numi   to name

obişnui   to get used to

obosi   to get tired

ocoli   to avoid

ocroti   to protect

odihni   to rest

opări   to scald

opri   to stop

orbi   to go blind

otrăvi   to poison

păcăli   to fool

păcătui   to sin

păli   to fade

părăsi   to desert

păşi   to pace, step

păzi   to guard

pârî   to tell on someone

pedepsi   to punish

pescui   to fish

plănui   to plan

plăti   to pay

plictisi   to bore

pluti   to float

porecli   to nickname

porni   to start

potrivi   to fit

povesti   to tell, narrate

prăbuşi   to collapse

prăji   to fry

pregăti   to prepare

prelungi   to extend

prevesti   to forecast

prilejui   to cause

primi   to receive

privi   to look

prosti   to fool, become stupid

putrezi   to rot

răci   to cool

răcori   to get cool

răguşi   to get hoarse

răni   to hurt, wound

răpi   to kidnap

răspândi   to spread

răzgândi   to change one's mind

revizui   to revise

rugini   to rust

sărăci   to impoverish

sărbători   to celebrate

sclipi   to glow

scumpi   to become expensive

servi   to serve

sfătui   to advise

sfârşi   to end

slăbi   to lose weight

socoti   to calculate

sosi   to arrive

stabili   to establish

stăpâni   to master

străluci   to shine

strivi to crush		**aniversa** to celebrate	
supravieţui to survive		**anticipa** to anticipate	
şopti to whisper		**antrena** to train	
şterpeli to nick		**aprecia** to appreciate	
târî to drag		**aranja** to arrange	
tipări to print		**ateriza** to land	
topi to melt		**avertiza** to warn	
trăi to live		**bandaja** to bandage	
trezi to wake up		**beneficia** to benefit	
tuşi to cough		**binecuvânta** to bless	
uimi to astonish		**bronza** to tan	
umili to humiliate		**calcula** to calculate	
urî to hate		**calma** to calm	
urmări to follow		**candida** to be a candidate	
vâsli to row		**caracteriza** to characterize	
vopsi to paint		**cauza** to cause	
vorbi to speak		**ceda** to give up	
zâmbi to smile		**cenzura** to censor	

strivi   to crush
supravieţui   to survive
şopti   to whisper
şterpeli   to nick
târî   to drag
tipări   to print
topi   to melt
trăi   to live
trezi   to wake up
tuşi   to cough
uimi   to astonish
umili   to humiliate
urî   to hate
urmări   to follow
vâsli   to row
vopsi   to paint
vorbi   to speak
zâmbi   to smile

-ez verbs

abuza   to abuse
accelera   to accelerate
accentua   to accentuate
accidenta   to have an accident
actualiza   to update
adapta   to adapt
adresa   to address
alimenta   to supply, refill
amenda   to fine
angaja   to employ

aniversa   to celebrate
anticipa   to anticipate
antrena   to train
aprecia   to appreciate
aranja   to arrange
ateriza   to land
avertiza   to warn
bandaja   to bandage
beneficia   to benefit
binecuvânta   to bless
bronza   to tan
calcula   to calculate
calma   to calm
candida   to be a candidate
caracteriza   to characterize
cauza   to cause
ceda   to give up
cenzura   to censor
cerceta   to research
cina   to dine
cita   to quote
colabora   to collaborate
colecţiona   to collect
colora   to colour
comenta   to comment
completa   to fill in
concedia   to fire
concura   to compete
conecta   to connect
confecţiona   to manufacture

205

conserva   to preserve

conta   to matter

controla   to control

conversa   to converse

copia   to copy

corecta   to correct

crea   to create

dansa   to dance

datora   to owe

deceda   to die

decola   to take off

decongela   to defrost

decora   to decorate

defăima   to slander

defecta   to break down

deforma   to deform

delecta   to relax

demachia   to remove makeup

demisiona   to resign

demonstra   to prove

depărta   to distance

depozita   to store

deranja   to disturb

descuraja   to discourage

desena   to draw

despacheta   to unpack

dezinfecta   to disinfect

dezrădăcina   to uproot

diferenţia   to differentiate

difuza   to broadcast

diminua   to diminish

discrimina   to discriminate

distra   to have fun, entertain

divorţa   to divorce

dona   to donate

dura   to last

edita   to publish

elibera   to free

emigra   to emigrate

enerva   to annoy

entuziasma   to enthuse

estima   to estimate

eşua   to fail

eticheta   to label

evidenţia   to highlight

evolua   to evolve

exersa   to exercise

expedia   to send

experimenta   to experiment

exploata   to exploit

explora   to explore

exterioriza   to externalize

facilita   to facilitate

factura   to invoice

fascina   to fascinate

filma   to film

finanţa   to finance

flata   to flatter

flirta   to flirt

focaliza   to focus

forma   to form

forţa   to force

fotografia   to take photos

frâna   to brake

frustra   to frustrate

fuma   to smoke

funcţiona   to function

gafa   to blunder

ghida   to guide

gripa   to get a cold

imagina   to imagine

impresiona   to impress

infecta   to infect

influenţa   to influence

informa   to inform

intenţiona   to intend

interesa   to interest

interpreta   to interpret

intimida   to intimidate

invada   to invade

inventa   to invent

invidia   to envy

îmbrăţişa   to hug

înapoia   to return

înceta   to stop

închiria   to rent

încuraja   to encourage

înfrumuseţa   to beautify

îngrijora   to worry

înmormânta   to bury

înregistra   to register

întrista   to become sad

licita   to auction

livra   to deliver

machia   to put on makeup

masa   to massage

memora   to memorize

menţiona   to mention

micşora   to minimalize

monta   to assembly

mura   to pickle

neglija   to neglect

negocia   to negotiate

obiecta   to object

ofensa   to offend

ofta   to sigh

opta   to opt

organiza   to organize

parca   to park

paria   to bet

patina   to ice skate

păstra   to keep

picta   to paint

planta   to plant

polua   to pollute

prescurta   to abbreviate

proba   to try on

profesa   to practise

progresa   to progress

proiecta   to project, to design

promova to promote

proteja to protect

protesta to protest

rata to miss

reacţiona to react

realiza to realize

recicla to recycle

refula to repress

regiza to direct

relaxa to relax

remedia to remedy

schia to ski

sculpta to sculpt

semna to sign

sesiza to notice

staţiona to stop

subestima to underestimate

supraestima to overestimate

telefona to telephone

tenta to tempt

tolera to tolerate

traversa to cross

trăda to betray

trişa to cheat

ura to wish

urma to follow

utiliza to use

vaccina to jab

visa to dream

vizita to visit

vota to vote

No suffix verbs

accepta to accept

achita to pay off

acusa to accuse

adăuga to add

admira to admire

aduce to bring

afla to find out

ajunge to arrive

alege to choose

alerga to run

amâna to postpone

ameninţa to threaten

aparţine to belong

apăra to defend

apărea to appear

apăsa to press

aprinde to turn on

aproba to approve

apropia to approach

arăta to show

arde to burn

arunca to throw

asculta to listen

ascunde to hide

atinge to touch

atrage to attract

auzi to hear	**dezbrăca** to undress		
bate to beat	**dezvolta** to develop		
băga to put in	**discuta** to debate		
cădea to fall	**dispărea** to disappear		
căra to carry	**distruge** to destroy		
căsca to yawn	**dormi** to sleep		
căuta to look for	**duce** to take		
cânta to sing	**evita** to avoid		
câştiga to win	**exista** to exist		
certa to tell off	**exprima** to express		
coace to bake	**expune** to expose		
coase to sew	**ezita** to hesitate		
comanda to order	**face** to do, make		
comunica to communicate	**felicita** to congratulate		
conduce to drive	**frige** to fry		
confirma to confirm	**fura** to steal		
confunda to confuse	**gâdila** to tickle		
consuma to consume	**gusta** to taste		
continua to continue	**ierta** to forgive		
contribui to contribute	**ieşi** to go out		
crede to believe	**intra** to enter		
culca to go to bed	**invita** to invite		
culege to pick up	**îmbăta** to get drunk		
curăţa to clean	**îmbrăca** to dress		
da to give	**împărţi** to share		
depinde to depend	**împinge** to push		
depune to hand in, deposit	**încălţa** to put one's shoes on		
descălţa to take one's shoes off	**începe** to start		
descoperi to discover	**încerca** to try		
deveni to become	**închide** to close		

înghiţi   to swallow

întârzia   to be late

întoarce   to return

întreba   to ask

înţelege   to understand

învăţa   to learn

învinge   to win

juca   to play

judeca   to judge

jura   to swear

lăsa   to leave, let

leşina   to faint

lupta   to fight

măsura   to measure

mătura   to sweep

menţine   to maintain

merge   to go

minţi   to lie

mirosi   to smell

mişca   to move

muri   to die

muta   to move

naşte   to give birth

nega   to deny

numără   to count

obliga   to force

observa   to notice

obţine   to obtain

ocupa   to occupy

omorî   to kill

opune   to oppose

permite   to allow

petrece   to spend, party

pieptăna   to comb

pierde   to lose

pleca   to leave

plimba   to walk

plânge   to cry

presimţi   to sense

prezenta   to present, introduce

pricepe   to understand

profita   to profit

promite   to promise

propune   to propose

provoca   to challenge

pune   to put

purta   to wear

putea   to be able to

răbda   to bear

rămâne   to remain

răsfăţa   to spoil

răspunde   to answer

râde   to laugh

reduce   to reduce

refuza   to refuse

regreta   to regret

relua   to resume

renunţa   to renounce

repara   to repair

repeta   to repeat

respira	to breathe	**suna**	to ring
retrage	to withdraw	**supăra**	to upset
rezolva	to solve	**suporta**	to bear
ridica	to raise	**şedea**	to sit
ruga	to ask a favour	**şterge**	to wipe
sacrifica	to sacrifice	**şti**	to know
saluta	to greet	**tăcea**	to keep quiet
satisface	to satisfy	**tăia**	to cut
sări	to jump	**târâi**	to drag
săruta	to kiss	**traduce**	to translate
scădea	to subtract	**trage**	to pull
scăpa	to escape, drop	**transpira**	to sweat
scoate	to take out	**trece**	to pass, cross
scrie	to write	**tremura**	to shake
scula	to wake up	**trimite**	to send
scuza	to excuse	**turna**	to pour
simţi	to feel	**ţine**	to keep, hold
sparge	to break	**ţipa**	to scream
spăla	to wash	**uita**	to forget
spera	to hope	**umbla**	to walk
speria	to scare	**umple**	to fill
spune	to say	**urca**	to go up, ascend
sta	to stay	**vedea**	to see
strănuta	to sneeze	**veni**	to come
strânge	to gather	**vinde**	to sell
strica	to ruin, break	**vindeca**	to heal
striga	to shout	**zgâria**	to scratch
suferi	to suffer	**zice**	to say

Appendix 2

Useful Romanian websites

Here is a list of websites about Romania and Romanian.

General

www.romania.org

www.romania-on-line.net

www.aboutromania.com

Romanian studies

www.ssees.ac.uk

www.indiana.edu

BBC Romanian section

www.bbc.co.uk/romanian

Romanian Ministry of Culture

www.cultura.ro

Romanian Ministry of Education

www.edu.ro

Romanian Ministry of Foreign Affairs

www.mae.ro

Romanian Museum of Contemporary Art

www.mnac.ro

Romanian National Museum of Art

www.itcnet.ro/museum

Romanian Peasants Museum

www.muzeultaranuluiroman.ro

Romanian tourism

www.turism.ro

www.myromania.com.ro

www.mamaliga.co.uk

Romanian film

www.sapteseri.ro

Romanian Cultural Institute

www.icr.ro

Romanian Cultural Centre London

www.romanianculturalcentre.org.uk

Romanian Embassy London

www.londra.mae.ro

Romanian Embassy Washington

www.roembus.org

Romanian literature

www.poezie.ro

www.liternet.ro

Romanian dictionaries

www.dictionare.ro

Romanian history, arts and crafts

www.eliznik.org.uk

www.cimec.ro

Romanian newspapers

www.ziare.ro

Moldovan resources page

www.ournet.md

Moldovan history, architecture and news

www.monument.md

www.azi.md

Bibliography

Academia Română, *Gramatica Limbii române*, vols 1 and 2, București: Editura Academiei Române, 1970.

Academia Română, *Dicționarul explicativ al limbii române*, București: Universul enciclopedic, 2000.

Academia Română, *Gramatica Limbii Române*, vols 1 and 2, București: Editura Academiei Române, 2006.

Avram, Mioara, *Gramatica pentru toți*, București: Humanitas, 1997.

Bădescu, Alice, *Gramatica limbii engleze*, București: Editura Științifică, 1963.

Bantaș, Andrei, *Dicționar român-englez, englez-român*, București: Teora, 2000.

Bejan, Dumitru, *Gramatica limbii române, Compendiu,* Cluj: Echinox, 2001.

Brâncuș, Grigore, Ionescu, Adriana and Saramandu, Manuela, *Limba română, manual pentru studenți străini,* București: Editura Didactică și Pedagogică, 1982.

Cojocaru, Dana, *You Can Speak Romanian,* București: Compania, 2003.

Doca, Gheorghe, *Learn Romanian*, București: Niculescu, 2004.

Dorobăț, Ana and Fotea, Mircea, *Româna de bază*, vols 1 and 2, Iași: Institutul European, 1999.

Drincu, Sergiu, *Ghid ortografic și ortoepic,* Timișoara: Mirton, 1996.

Gonczol-Davies, Ramona and Deletant, Dennis, *Colloquial Romanian*, London: Routledge, 2002.

Pop, Liana and Moldovan, Victoria, *Romanian Grammar,* Cluj: Echinox, 1997.

Uricaru, Lucia and Goga, Mircea, *Verbe românești*, Cluj: Echinox, 1997.

Index

216

Related titles from Routledge

Colloquial Romanian
3rd edition

THE COMPLETE COURSE FOR BEGINNERS
Ramona Gönczöl and Dennis Deletant

'If you want to get to grips further with any of the [European] languages, Routledge's Colloquial series is the best place you could start.'
Rough Guide to Europe

Colloquial Romanian is easy to use and completely clear! Specially written by experienced teachers for self-study or class use, the course offers you a step-by-step approach to written and spoken Romanian. No prior knowledge of the language is required.

What makes *Colloquial Romanian* your best choice in personal language learning?

* interactive – lots of dialogues and exercises for regular practice
* clear – concise grammar notes
* practical – useful vocabulary and pronunciation guide
* complete – including answer key and special reference section

By the end of this rewarding course you will be able to communicate confidently and effectively in a broad range of situations.

ISBN13: 978-0-415-23783-3 (pbk)
ISBN13: 978-0-415-28803-3 (cds)
ISBN13: 978-0-415-43449-2 (book and cds pack)

Available at all good bookshops
For ordering and further information please visit:
www.routledge.com